U0934548

珍藏本
纪念版

汉译世界学术名著丛书

财富的科学

〔英〕J.A.霍布森 著

于树生 译

2017年·北京

J. A. Hobson
THE SCIENCE OF WEALTH

根据亨利·霍尔特公司 1911 年版译出

汉译世界学术名著丛书
（120 年纪念版·珍藏本）
出 版 说 明

2017 年 2 月 11 日，商务印书馆迎来 120 岁的生日。120 年前，商务印书馆前贤怀揣文化救国的理想，抱持“昌明教育，开启民智”的使命，立足本土，放眼寰宇，以出版为津梁，沟通中西，为中国、为世界提供最富智慧的思想文化成果。无论世事白云苍狗，潮流左右激荡，甚至战火硝烟弥漫，始终践行学术报国之志，无改初心。

迻译世界各国学术名著，即其一端。早在 20 世纪初年便出版《原富》《天演论》等影响至今的代表性著作，1950 年代后更致力于外国哲学和社会科学经典的译介，及至 1980 年代，辑为“汉译世界学术名著丛书”，汇涓为流，蔚为大观。丛书自 1981 年开始出版，历时三十余年，迄今已推出七百种，是我国现代出版史上规模最大、最为重要的学术翻译工程。

丛书所选之书，立场观点不囿于一派，学科领域不限于一门，皆为文明开启以来，各时代、各国家、各民族的思想与文化精粹，代表着人类已经到达过的精神境界。丛书系统译介世界学术经典，引领时代思想，为本土原创学术的发展提供丰富的文化滋养，为推动中国现代学术和现代化进程做出了突出的贡献。

为纪念商务印书馆成立120周年，我们整体推出“汉译世界学术名著丛书”120年纪念版的珍藏本，寄望既利于文化积累，又便于研读查考，同时向长期支持丛书出版的译者、编者和读者致以敬意。

两甲子后的今天，商务印书馆又站在了一个新的历史时间节点上。我们不仅要铭记先辈的身影和足迹，更须让我们的步伐充满新的时代精神。这是商务人代代相传的事业，更是与国家和民族的命运始终紧密相连的事业。我们责无旁贷，必须做好我们这代人的传承与创造，让我们的努力和成果不仅凝聚成民族文化的记忆，还能成为后来人可以接续的事业。唯此，才能不负前贤，无愧来者。

商务印书馆编辑部

2017年10月

目　　录

序

本书的内容是研究现代产业世界的结构和运行，这产业世界生产的财富，以及以“所得”的形式分配给那些创造财富或者有权利占有它的人。书中叙述劳动、才能、土地、资本和社会的生产能力怎样运用在各种行业、技艺和专门职业中以生产有形的物品和服务以及这些工作的报酬怎样规定和实行。内容只谈到每个有理解能力的人在日常生活经验中都能知道的经济事实或原理，并不假定读者具有高深的经济知识。

1

对这样大的一个题目用这样简短的篇幅来叙述，必然会有缺点。话容易说得太绝对，论证的方法也容易太教条化。因此，某些重要的有争论的问题，在本书中将避免涉及。

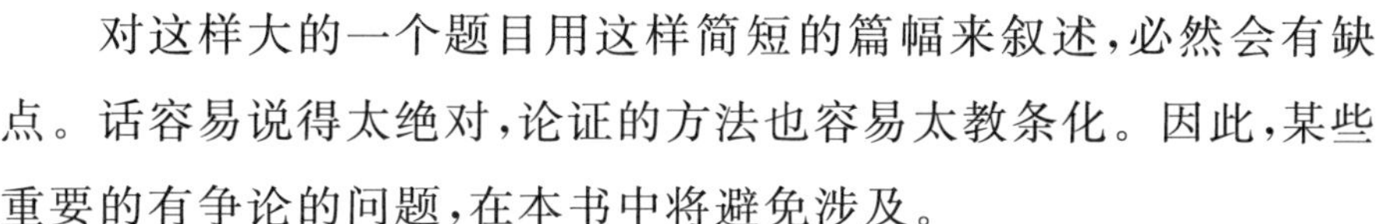

这里所作的各项阐述，在另一本篇幅较大的拙著《产业系统》中有更充分的阐述，读者如愿进一步了解，请参阅该书。

J.A.霍布森

9 # 第一章　财富的意义

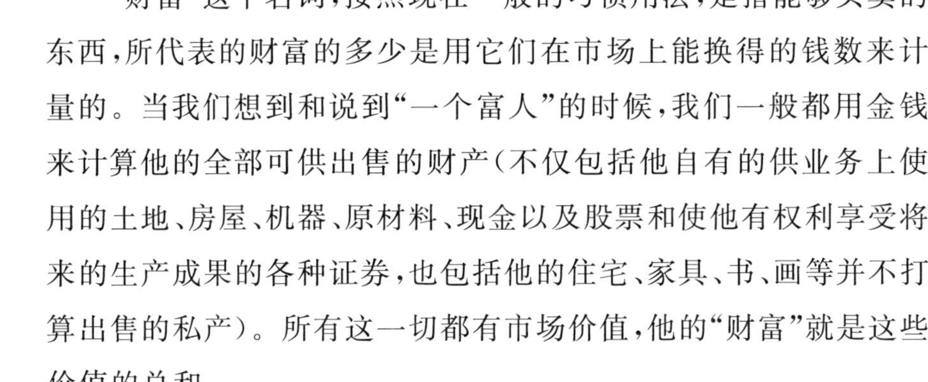

“财富”这个名词，按照现在一般的习惯用法，是指能够买卖的东西，所代表的财富的多少是用它们在市场上能换得的钱数来计量的。当我们想到和说到“一个富人”的时候，我们一般都用金钱来计算他的全部可供出售的财产（不仅包括他自有的供业务上使用的土地、房屋、机器、原材料、现金以及股票和使他有权利享受将来的生产成果的各种证券，也包括他的住宅、家具、书、画等并不打算出售的私产）。所有这一切都有市场价值，他的“财富”就是这些价值的总和。

一个国家的“财富”也可以用同样的方法来估计。在任何一个指定时间来计算，一国的财富是国家所有的和作为国家成员的各
10 个公民所有的可以买卖的财物的总和。当然，它包括一些存放在国外的财物，但不包括一些虽然存放在国内可是属于外国人所有的财物。

根据这样的说法，大不列颠的财富就不包括它的地理位置、气候或者任何其他对个人和商业有用的自然条件的货币估值。泰晤士河，作为一国的产业性的资产，只是因为它便利运输业，所以把它间接列为国民财富。不把这些有利的自然条件包括在一国的财富的估值之内，有两个充分理由。第一，它们是非卖品，没法估定它们的市场价值。第二，如果对气候、地势、海港等进行这种估价，一定会使“全国总账”里发生重复列入的情况，因为这些有利的自然条件，在各种私人企业中有无数的用途，必然会被一再地计算进去。

因此，不管我们所考察的是个人还是一个国家，为了便利研究工作，只好把“财富”限制在可以买卖的物品，并且用它们的市场价值来计算。这个规定有它的困难和缺点。在一个地点或者一个时间是“财富”的东西，在另一个地点或者另一个时间就未必是财富。11
当一个国家的人口增多时，许多原来不是财富的土地变成财富；水、空气和阳光，随着城市房租的高涨，从“自由”物品变成了市场物品。虽然奴隶劳动的生产力远不及自由劳动的生产力，但是美国的奴隶解放却勾销了一大笔私有财富。

再说，用市场价格来计算财富，结果不仅使某一特殊物品所代表的财富数额会经常改变，而且一个国家（或全世界）的财富改变时，物品的数量或质量会没有相应的改变。这样，物价由于货币的原因而普遍上涨或低落时，“财富”就会发生没有实质的膨胀或缩减。虽然统计学家可以校正这种误差，但依赖当时物价作为计算“财富”的标准，仍将继续在财富的研究中引起相当的混乱。

在清点构成“财富”的各项东西时，人们会发现通常所谓“财富”的概念过分唯物。一个企业的“牌子”或信誉必须列为财富，正如它的工厂建筑物一样：虽然它是非物质的，但是可以出售。有时候有人主张，效率、技能以及其他业务能力或者劳动力的特点，也应该列在国民财富中。可是这是错误的。在奴隶制度之下，奴隶 12
的生产能力是他本身这个可卖商品的一部分；可是当人身不是财

富的时候，和人身分不开的能力也不是财富。只有他们能提供的并且可以让给买主的特殊服务才是财富。所以一个医生的技能或知识不是财富，可是他所做的手术或者他对一个病症所提的意见却是财富。所以各种专门职业性的服务和个人的服务都是这样。烹调和侍应，跟他们所烧制和供应的食物同样是财富；教课和课本同样可以算在财富之列。然而，在个人的技能或气力应用在有形的物品上，从而改变它们的形式或地点时，通常就认为这种技能或气力进入物品里面，因而增加它们的财富。因此工资劳动和管理工作一般不算作财富，可是要包括在它们参加生产的物品的财富之内。从社会的观点来计算财富，显然不能把它们两者都算进去：因为它们提高了物品的市场价值，因此把它们算在物品里面，方便得多。

如果在一个特殊时间清点一个人或一个国家的财富，当然只
13 能计算具体的实物，因为服务要有一个时间过程。可是专门职业的、家庭的、娱乐的以及其他的服务，这些不是仅仅用在实物生产上面的服务，如果出售的话，显然必须分别列为不同种类的财富。在清点一个国家在其一段时期内的财富时，就必须把它们包括进去。它们在全部财富中的作用，在我们讨论“所得”的时候，将更加明显。

为生产或取得各种有形的或无形的财富而设置的那套组织，我们称为经济或者产业系统。后面这个名词用起来比较方便。不过需要把“产业”的意义引申一下，使它包括造成任何财富的一切活动在内，例如审判员、教士、杂技演员或者工会书记的服务。所以不仅农业、矿业等天然物生产业以及与实物有关的制造业、运输

业和分配性的行业，而且政府工作、知识性的专门职业、美术、一切营业性的娱乐事业，都必须放在“产业系统”项下。

所有这些形式的产业的产物都是财富，它的数额按照市场价格计算。

但是，“财富”这个名词另有一种比较广义而且大不相同的用
法，就是把财富看成和人类的幸福是同一回事。“除了生命，没有 14
财富。生命，包括它所有的爱情、欢乐和崇拜的能力。最富的国家，是那教养出数量最多的高尚而幸福的人的国家；最富的人，是那既能充分完成他自己一生的任务，又能凭他本身的行为和他的财力，对别人的生活起着最广泛的有益的影响的人。”[1]

约翰·罗斯金[2]和其他一些主张这种广义财富的人，曾否定那比较狭义的政治经济学的正确性和效用。他们说，仅仅叙述可以买卖的、用货币计算的物品，在关于它们的生产和消费对人类生活和幸福的影响方面，不能使人得到任何有益的知识。另一些社会研究者，对于把经济作用之研究跟其他各种社会作用之研究分开使它成为一种产业的“科学”究竟是否妥当，也有过疑问。

这种批评，就它有理由的地方来说，也适用于一切科学的专门研究。整个世界现象是各种密切相关部分的统一，把任何一部分孤立起来单独进行研究，必然是一种割裂整体的行为。可是这种分开的研究，对于知识的进步是必需的；割裂一部分来研究，并不
妨害这些研究的用处，只要我们心中有数，不把那专门研究的对象 15

① 引自约翰·罗斯金：《终局》。

② 约翰·罗斯金(John Ruskin，1819—1900)：英国著名文艺批评家、思想家，对经济问题也有研究。——译者注

作为自成一个天地的整体来处理。这种科学的专门研究的主要危险，在于把那门科学作为一种艺术的基础，根据它来创立一些人类行为的准则。产业的科学研究可以指出个人的行为或国家的政策的某些行为有利于增加可以买卖的财富。如果认为这种情况是应该的，把"是"这样变成"必须"这样，把这个发现作为个人或国家行为的充分理由，而不适当地考虑这种在商业上有利的政策在公众幸福方面可能或一定会产生的其他影响，那是显然不妥当的。因为个人或国家在考虑采取什么行为方针时，必须同时考虑到一切可能产生的利弊。总而言之，他必须以符合人类幸福的、广义的财富标准作为他自己行为的标准。因此，单纯的经济学家可能对政治家提供的意见，必须参考这种比较远大的、为公众幸福着想的概念，加以调整或修正。一个立刻有利的甚至长远有利的企业政策，为了考虑到更广大的效用，可能被否定掉。

可是，承认这几点，并不是说产业财富的科学或者艺术是无用
16 的。相反，它们对于那范围更广泛的"政治"或者社会行为的科学和艺术的进步，都是不可缺少的。我们不但需要把产业现象和其他社会现象分开来仔细检查，以便了解产业系统怎样形成和怎样运转，而且需要知道计划中的改革对这个系统的运转以及它所产生的可以买卖的财富的数量会有什么影响。这两种知识对公民和政治家都有用处。两者都不能单独成为行为的指南：在那帮助国家决策的汪洋的知识之海中，它们不过是支流。

第二章　企业和行业 17

广大的企业世界，对于一个初走上工作岗位，当技工、办事员、小商人或是从事于一种专门职业的青年人，必然像是乱七八糟、错综复杂的许多模糊的形象和组合；在他的朋友和邻居们的谈话里、在报纸上、在商店橱窗里和大街上以及在他用自己劳动所得的钱购买东西的时候，那些组织和事件的片断，就会浮现在他心目中。他唯一看得清楚的一点，是他自己经常所做的工作。产业的统一性、产业作为一个系统的那种观念，他很久都不能了解，或者至多只有一个模糊的概念。可是他本身所在的那个企业机构的真情实况、它的组织和运转，很快就在他心目中留下了明确的印象。

虽然最初他只熟悉他自己所参加的工序以及在他附近做同样
工作的其他工人，不久他便知道一些本部门的其他工序，并且，当 18
他四处走动认识同事们的时候，他就进一步了解其他部门的工作。如果那是一个制造工业，他看到原材料和成品，同时，根据他的智慧和兴趣，他懂得一些各个制造阶段中所用的机器和技能。渐渐地他明白了作为制造程序的基础的企业组织以及监工和经理部门的工作，也了解到一些办公室里的工作，在那里办事员们在记录着工厂所做的一切事情。甚至对于那些跟他本身工作关系最少的买卖行为，他可能也知道一些，特别是如果他和同事们一起参加工会组织，就会懂得买卖会怎样影响他的工作和工资。

一个有理解力的工人就这样对他所在的工厂或工场的物质结构和人事方面，替自己造成一个相当正确的印象。厂址、建筑物、机器和工具、动力、制造过程中各阶段的原材料和产品、钱箱和银行里的一些钱、职工和管理部门的各种级别都将显现为清晰可辨
19 的特征。工厂办公室的办事员、工时记录员和经理所看到的轮廓大体相同，可是他们从不同的角度来看，就会对某些部分看得或者体会得比其他部分更加清楚，认为不同部分有不同的重要性。如果不考虑人的关系，只把工厂当作一种产业的工具，就可以看出，经理最能估计那些作为企业中合作成分的各项要素之间的相对重要性。这并不是说经理在动机和判断上比较工人更没有偏见或是更大公无私。经理和工人两方面的利益不同，因而他们各人的看法和评价在某种程度上也不免有所偏颇。经理的有利条件是技术性的：他所处的地位，比较那担任一部分工作的工人，更能够从个别部分在构成整体上的重要性的角度来看企业中的各部分，因为，我们将看出，管理部门是企业中统一、结合和调节的因素。也只有经理知道各个部分所包含的货币“成本”，因而他有一个共同的标准尺度，可以用来衡量各个部分的重要性。因此，一个想要正确了解企业的工人或办事员，除了他的工资劳动者的观点以外，应该竭力再从经理的观点来看看企业是怎样的面貌。

企业，或者最小的有组织的产业单位，具体地来说，大致就像 20
这样：

如果我们不谈工厂，拿一个商业机构、矿山、零售店、农场来说，虽然详细的内容不同，一般结构还是一样。原材料、存货、工具、房屋、劳动和管理，全在那儿为一个产业目的合作，虽然各项因素的比例彼此大不相同。在一个商店里，没有什么机器和工具，设备所占的成分要小得多；原材料和存货只是同一货物的两种不同分类，金钱的地位却较为突出。在农场里，和在矿山里一样，房屋（包括土地）的重要性当然比在工厂里要大得多。再说，许多业务不是仅仅限于一个场所的范围以内。一个砖匠替建筑公司工作，
将体会到他的业务不在一个固定的场所和办公室，而是时常更换。 21
一个铁路员工需要用广阔的眼光和想象力，才可能了解他的业务的构成。

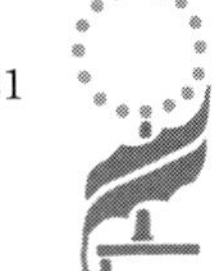

属于同一行业的企业，它们的范围和组织却彼此大不相同。在农业经营上，一端有亲手耕种一小块田地来维持一家生活的小农，另一端有占地辽阔的畜牧农场或是使用贵重机器的谷物农场。在采金方面，有荒僻冷落的采金场，也有那规模宏大的兰得公司。[①] 差不多在每一种工业、运输业、制造业或商业中，都是这样。可是在物质财富的经营中，多少总有一些工厂里所有的那种生产要素，总有一些房屋、工具、原材料、存货、金钱、劳动和管理，虽然在规模最简单的企业里面，最后两项工作也许由一个人或若干人

① 兰得（Rand）：南非洲的河边高地，特指约翰内斯堡（Johannesburg）附近的产金丘陵。——译者注

兼任。[①]

22 甚至当我们把广义的产业概念应用到非物质品的生产方面时(我们必须这样做),我们发现企业组织的一般纲领还是同样可以适用的。拿戏院、医生或者律师的执行业务、学校、理发业或者任何其他有组织的生产和出售"服务"的机构来说,我们将看出房屋、工具等物质设备,跟人的技能和精力比较起来,虽然重要性很小,却总少不了它们。实际上,有些服务性的事业,例如戏院或者学校,需要有一套很讲究的物质设备,这使它们成为现代资本主义事业中的最进步的形式。

23 可是我们想要形成牢固的概念,把一个"企业"作为产业组织的单位,还有困难。很明显,我们要考虑到的工厂、商店等有许多不是各自分开的、独立的企业。它们只是分开设立的机构。几个工厂、矿山、商店属于一个老板所有或归一个经理管理,虽然在从

① 私有的生产要素,为方便起见,分为四大类:土地或自然物、劳动、才能和资本。这四类的分法曾受到反对,并且在分类上有时不能自圆其说。特别是,有人主张土地可以当作资本的一种形式,因为大部分有价值的土地是经过"加工"的,这种加在土地里的加工显然是资本。此外,财务和会计方面,总是把土地价值包括在资本里面。可是我们对产业作具体的解说时,维持这种区别却有它的重要性。因为土地的起源和自然性质,跟各种资本都不同,为了让使用生产要素须付代价的理论容易了解,需要加以区别。

所以,具体的资本包括(1)房屋和其他固定设备,(2)机器和工具,(3)原材料和存货,(4)金钱。前两项常常叫做"固定"资本,它们在川流不息的产业运转中各自站在某一个固定的地位,帮助把原材料或货物送往最后的归宿,成为生产品或者消费品。后两项,(3)和(4),通常叫做"流动"资本,因为它们的生产任务是在产业系统中不断地从一个地方流动到另一个地方。

把各项要素分门别类,并不是说它们的所有权一定得分开。在大多数规模较小的或较简单的企业里,一部分资本或土地也属于工人或者一部分工人所有,他们同时又提供经营企业所需要的才能。——原注

前很不常见，现今在某些产业部门中却是很普通的事。

财务管理的统一，是企业统一的基础。所以凡是属于同一个
公司的工厂，必须认为它们是一个企业，就像利普顿公司或者瓦那
迈克尔公司所经营的各零售商店构成同一个企业那样。这样的一
个单一企业，也并不一定意味着必须在不同地点开设若干同一类
的工厂或商店。它的业务可以扩展到几种不同的行业，例如一个
大规模的百货商店附设一座农场、一个家具搬运部和一所地毯厂，
或是一家铁路公司投资经营机械厂和煤矿。除此而外，还有其他
情况可以把一个企业的单纯面目弄得模糊不清。许多表面上各自
管理的机构，在它们的财务或经营上（或者两者兼有），却依赖一个
规模较大、实力较厚的公司。在某些行业，例如烟草、珠宝、鞋子、
铁器等行业中，许多商店虽然不是什么纯粹的分支机构，实际上却 24
是代理商，销售某些制造商或批发商供应的某种货品，收取佣金。
有些生产配件或从事修理的工场，往往和邻近的一家大制造商有
密切关系，依赖它生存。这种关系，以许多微妙的方式，存在于一
些表面上似乎是单独的企业之间。由此可见，财务上甚至管理上
的独立，常常是一个程度上的问题。可是我们现在对这种解说不
需要应用严格的逻辑。只须明白，把一个企业的各项成分结合在
一起，使它具有组织的统一性和生产效率的，就是所谓总管理处。
如果经理在本机构的经营上有便宜行事的相当职权和真正自由，
他的工厂、矿山或商店，在人们对产业系统作一般的解说时，可以
合理地算是单独的企业，尽管最高的和最后的决定权属于一个股
东的团体。

因此，除了在需要着重说明资本主义的联合和控制时，我们为

了便于视察，将把一个完整的机构作为单独的企业来处理。这样，
25 产业系统就首先被看作企业细胞的一种巧妙的安排，这些企业细胞按照某些相似的形式和目的，合在一起成为各种“行业”。制造或经营同类货物的企业算是属于同一个行业，虽然它们的工作方法可能大不相同。手工制表的工作和机器制表的工作是大不相同的，可是它们的产品既然都是表，它们就算属于同一行业。

其他工作，凡是一部分用手工、一部分用机器的，也都是这样。不仅工作的方式不同，原材料也会不同。房子可以用石头、木头或者砖头来建造，可是它们都归入建筑业那一个总类。然而，人们通常也根据原材料上的显著区别来表示不同的行业。因此铁床制造和木床制造是不同的行业。判断的标准是“市场”。一般认为，在同一市场上竞售它们的货物的营业，就属于同一行业。不过在这里也不能规定固定的规则。手工制表和机器制表肯定是这样竞争的，木杆火柴和蜡杆火柴也是，它们显然是属于同一行业的。可是木制家具和钢制家具虽然竞争，它们的竞争却不那么剧烈，它们的
26 市场也不完全相同。煤气和电气在照明上竞争，然而它们必须分别列为不同的行业。人们有时候说“那个建筑行业”，有时候又说“那些建筑行业”，觉得都很方便。毛织品业或者制鞋业常常根据各地的具体情况，再分成若干专业。同一种类可是等级或质量不同的物品在不同市场上出售，生产者和购买者都认为它们属于不同的行业。还有，地区是区分行业的根据，遇到某些地方的制造品或者生产品有什么不同的时候尤其是这样。所以克莱德和泰恩[①]

① 克莱德(Clyde)：在苏格兰南部，河名；泰恩(Tyne)：英格兰北部河名。——译者注

各有本地的造船业，南威尔斯的煤业和英国其他的煤矿不同，莱斯特和北安普顿①各有自己的制鞋业。这些例子足以说明“行业”这个名词，和“企业”一样，通常用起来，含义有很大的伸缩。可是大体说来，最好拿“市场”的情况作为“行业”的范围，凡是产品会集在同一市场里、竞争相当剧烈的企业，就算同一行业的成员。所谓“市场”并不是任何特殊的集市地点，人们在那里进行买卖，而是“任何区域的全部，在里面买的人和卖的人自由接触，使同样货物的价格很快而容易地趋于相等”。

英国统一公债、黄金、钻石以及几种重要的有永久性的物品和 27
原材料，例如小麦和羊毛，都有世界市场；其他的东西大多数以本国地域为市场范围；至于一些体积笨大、容易腐败或者不能搬动的物品，则有若干小规模的地方市场存在。当然，在每一市场的内部，都有不同的式样、质地和信誉，它们影响竞争和价格。

可是这里所提出的一些主要特征，不一定就使我们不能主张按照各企业对同一市场供应货物的情况来区别不同的行业。因此波尔顿②一家纺织厂或者莱斯特一家制鞋厂里的职工，很快就会把他的经济眼界从他工作的那一个机构扩充到许多同样的机构，这些机构首先构成本地的、然后构成全国的棉纺织业或制鞋业。在这比较狭隘、但有实际价值的概念的基础上，以后略加变更，就可能产生那比较模糊的对于一个国际或世界市场的概念。

当然，他看起来会觉得行业里的统一和团结比他自己的企业

① 莱斯特(Leicester)、北安普顿(Northampton)：均系英格兰中部地名。——译者注

② 波尔顿(Bolton)：英格兰城市。——译者注

里要淡薄得多。最初那行业似乎是若干分开的和互相竞争的企业。可是在本行业的当地成员之间,通常总有一些联合的行动和
28 相应的组织。各行业中的资方常常在一个协会或者联合会里聚会,打听消息,并且在有关原料的收购、劳动的雇佣、生产方法、市场情况等方面,维护和增进他们的利益。同一行业中的工人,为了种种经济的和社会的目的,也联合起来。行业组织进一步发展,就有一套协定、会议和调解委员会等办法,在有关工资和其他雇佣条件方面,调整劳资双方的利益。

那工人于是看出他的行业有一定的意义。他在了解这一点的过程中,将逐渐体会到他的这个行业对其他某些行业的关系。他会发觉他的行业密切依赖那些对他的行业供给原材料的其他行业,又密切依赖那些购买他的行业的产品的行业或市场。如果他是制鞋工人,他会发现那供给皮革的制革业或者向制鞋厂批购皮鞋的商人或零售店,无论发生什么事,都会对他的行业产生严重的影响。如果他是毛纺工人,他会明白他的行业一方面密切依赖生羊毛业另一方面又密切依赖服装业的情况。因为他会看到这两方面的力量对他的工作和工资都有重大影响。如果他再进一步研究
29 和思考,就会获得重要的发现:即一系列的产业把原料变成制成品又把制成品送到消费者手里,他所从事的行业不过是那产业连锁中的一个环节而已。

如果他是制鞋工人,就会看出他的行业的连锁是这样的:

农人……制革工人……皮鞋工人……皮鞋批发商……皮鞋商店。

如果他是工程师，他的行业的连锁就是这样：

采矿……冶炼……炼钢厂……机器厂。

可是人们会发现每种行业都有一些其他的行业直接跟它有连带关系，大家为了生产和供应同一种物品而工作。总有农业或矿业的某些部门从事于生产天然原料，接着总有一次或更多的制造过程，然后再是批发的和零售的分配行业。

30

第三章　产业系统

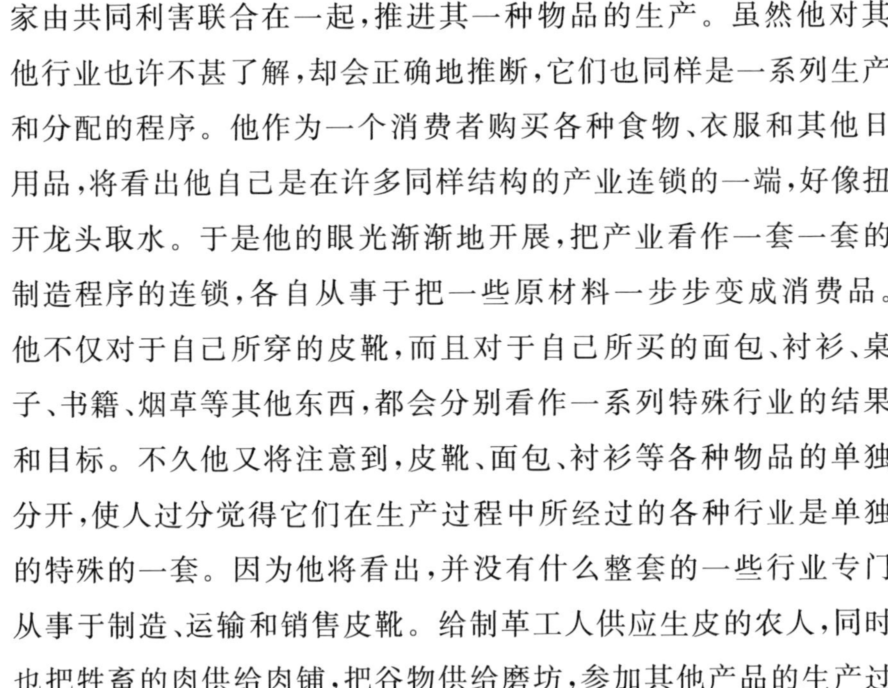

我们的制鞋工人、纺织工人或者其他的专业工人，现在从他的行业出发，就会了解他的这门行业是组成行业系统的一个成员，大家由共同利害联合在一起，推进其一种物品的生产。虽然他对其他行业也许不甚了解，却会正确地推断，它们也同样是一系列生产和分配的程序。他作为一个消费者购买各种食物、衣服和其他日用品，将看出他自己是在许多同样结构的产业连锁的一端，好像扭开龙头取水。于是他的眼光渐渐地开展，把产业看作一套一套的制造程序的连锁，各自从事于把一些原材料一步步变成消费品。他不仅对于自己所穿的皮靴，而且对于自己所买的面包、衬衫、桌子、书籍、烟草等其他东西，都会分别看作一系列特殊行业的结果和目标。不久他又将注意到，皮靴、面包、衬衫等各种物品的单独
31 分开，使人过分觉得它们在生产过程中所经过的各种行业是单独的特殊的一套。因为他将看出，并没有什么整套的一些行业专门从事于制造、运输和销售皮靴。给制革工人供应生皮的农人，同时也把牲畜的肉供给肉铺，把谷物供给磨坊，参加其他产品的生产过程。那制革工人，除了把皮革供给制鞋工人以外，也供应其他的制造行业。许多零售店，除了出售鞋子，也出售别种东西。这种情况在其他有关任何产品的各种行业中，都是一样的。各种生产活动

会在某一点上汇合或者重叠起来。某些早期的天然物生产过程和制造过程，在很多的生产连锁中占有重要地位。农人、矿工以及其他开采或生产天然原材料的行业，在所有庞大的生产事业系统中，必须担任那开始的工程。他们的开采或生产工作完成以后，人们对他们所供给的各种原材料进行分门别类，加以不同的处理。后期的制造程序比较复杂，也比较专门化；一些分配和销售货物的工作，往往把一些在制造中属于不同行业的货物，弄到同一个行业或商业里来。

因此，如果我们拿一条河来比喻，说一股股产业的水流带着原
材料经过各个生产阶段，直到它们流过零售店的柜台进入消费者 32
的手里，我们将发现那条河从少数几处源泉流出，在制造中分成越来越多的支流，最后经过商业阶段流向消费者的时候，又汇合成比较少的几条水流。

可是实际的产业组织当然比这里所描写的要复杂得多。这种复杂性，我们的聪明的工人从工厂、矿山或者办公室里观察起来，也会比较早地看出这一点。他会看出，并不是所有的行业都直接从事于把原材料送到产业主流的尽头，变成消费品。制鞋工人会知道有一两种我们没有提到的行业，对制鞋业的关系几乎和制革业一样的重要，那就是供给他厂里用的机器和动力的一些行业。这机器和动力本身当然是一系列生产过程的最终产品，由原材料变成了这些资本形式。它们不作为“消费品”在我们产业系统的终
点出现。它们成为“资本”就已经达到了目的；它们被用掉，不是作 33
为普通物品，而是作为设备和别种对生产的助力。我们研究一个工厂的构成，知道它需要原材料，也需要房屋和机器。只有原材料

才是制造的对象，经过一系列的过程最后变成消费品。建筑物、机器和其他设备都是用作达到这个目的的手段。可是它们得被生产出来，并且它们的形体，在帮助把兽皮制成皮革或者把皮革做成靴鞋的工作中，或者在其他有用的工作中，逐渐被损耗掉。

那制鞋工人于是明白了，他的主流，那一系列把牲畜变成皮鞋的行业，必须得到各种支流行业的援助，由它们供给各个生产阶段中所需要的工具、动力、建筑等。

单就机器一项来说，他会把他的概念修正得像这样。可是他会看出还有其他的行业帮助生产和保养工厂的建筑物和其他设备，例如所需要的光、热和动力：这些项目他也必须加入他的比较全面的概念。既然那些直接站在产业主流中的农民、制革工人、商人和零售商，显然也同样要用设备、机器和其他东西来帮助他们进行工作，也就是在每个生产阶段，主流必须获得支流的供养；这
34 些支流不是流向最终的消费者，而是流向生产中的某一个阶段，对生产者供给新的辅助资料。

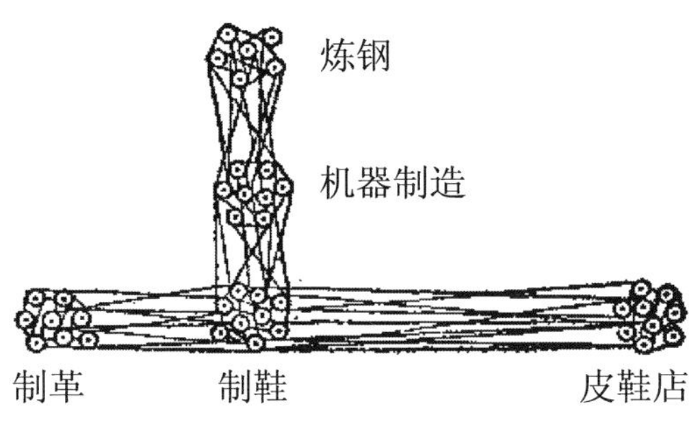

当然，如果有人喜欢那样的话，也可以认为机器、房屋和其他设备是逐渐消耗，混合在它们帮助生产出来的物品里面，并且随着主流流向消费。可是这种看法我们在这里不必去管它。

这些对主流行业供给“固定资本”的支流行业，往往比那些受它们供养的特殊行业，规模更大，也更重要。因为它们当中有些不

是只对一个行业而是对主流中的许多行业供给同样的固定资本。
钢、铁、工程和机器制造等行业，在工厂系统的任何一点上都是重
要的支流。建筑行业也是这样。矿业、主要的五金业和建筑业，是 35
许许多多特殊行业的永久组织的主要支柱，所以它们常常被称为
“基本”工业。它们之中任何一个行业发生任何一点严重的事故，
就会立即影响到产业系统的每一部分。

可是除了这些“基本”工业以外，生产主流中各行业之间还有其他的共同利害关系。

同样，一种原材料可以在许多的主要生产部门中用作主要成
分或辅助成分。主要谷物、木材、纺织品、铁、煤、石头、泥土等在许
多不同物品的制造中作为原料；使用任何一种同样原材料的不同
行业，彼此之间都有强烈的同感和反感。例如，制鞋业跟马鞍业和
家具业（通过皮革），果酱业跟饼干业或汽水业（通过糖），都有这样
的关系。凡是存在着这种使用同一种原材料的情况的地方，有关
行业之间就产生一种同感。因为任何改善或损害它们共同原材料
的事情，会使大家都获得利益或受到损失。在这范围内，彼此有同
感。可是任何使某一个行业在原材料的供应上比其他行业占得优
势的事情，就会损害这些其他行业。在这一点上彼此是对立的。36
石油和橡胶，近来成为许多行业的重要成分，就是两个例子。

某些行业彼此有密切的持久的利害一致关系，因为它们对一种或者几种重要工业供给重要的补充成分。煤和铁是最明显的例子。可是这种关系在许多特殊行业中极其巩固，例如果树业和炼糖业之间、酿酒业和制瓶业之间或者对建筑业供给原料的各种行业之间，都是这样。

37 另一方面，某些行业之间，由于有互相替代的可能性，产生了尖锐的对立。当不同的原材料可以用来供应同样的需要时，就存在着这种敌对情况。比如，许多种家具或建筑物中的木头和铁，衣着物中的棉花、羊毛和麻，饮料中的茶叶、咖啡和可可，都可以作为例子。电、煤气、石油和蒸汽也是这样互相竞争，都作为工业、运输或家用动力的来源。在这些行业以及对它们起辅助作用的一些其他行业之间，因而就发生冲突，凡是有利于其中一个行业的事，往往有损于其他行业。调换替代，可能有时候在原材料方面，有时候在生产方法上，有时候在最后的成品方面；可是不管它发生在哪一方面，都会引起对立。

我们这就看出，那些起先像是分开的、从事于把原材料变成制成品的行业中，有许多利害一致和不一致的联系。各种产业过程在种种的地方交叉、融合和分开，没有一个过程是完全和周围隔绝的。

可是有两种产业，作为把一切合成一体的力量，值得特别注意，就是运输和金融。它们不是像矿业和农业那样的基本工业，而是渗透一切的并且起着接合作用的。只要是经营企业的地方，就经常有原料运进来、制成品运出去：每一次买卖行为包含某种运输行为。因此，有关这种运输的一些行业，一定在产业系统中占一个特别重要的地位。拿整个运输行业来说，它们形成一种器官，相当于动物有机体内的血管运输系统。在某种意义上，一切物资的工作实际是物体的移动，它常常构成各种企业活动的重要部分。可是在现代的产业社会里，特殊意义的运输——把人、物和消息从一个地方输送到另一个地方，已经成了一种高度专门化的重要工作。

铁路和轮船几乎在各种生产事业中都有它们的地位。它们供给具体的环节，使整个系统的运转获得效率和连续性。一条大铁路或 38
是一家大输运公司的业务稍有停顿，就会使整个工业地区无法活动；甚至电报一断，就能打乱和延滞产业的全部运转。产业日趋复杂，从更远和更多的地方吸取原材料和劳动来参加更细致更复杂的生产过程，整个系统中的商业性工作越来越需要对它们的流动获得迅速而可靠的消息。因为这个缘故，在每一个文明国家里，运输在产业中的作用越来越大、越来越显著，吸收了越来越多的资本和劳动，同时也产生了一些非常重要的管理问题。正如在许多大国里那样，铁路是唯一有效的运输工具，除非政府加以干涉，它可能对全国人民的生活、繁荣和产业，发挥一种专横的威力。运输方面的任何改进，能同时使一切生产物质财富的产业得到便利；运输方面的任何障碍，也会使它们同时受到损害。

在对于现代产业的一般控制上同样渗入并且更有权威的，是金融。我们用这个名词包括一切跟货币（或者购买力）的生产、保护和运输有关以及跟公债、股票等有价证券的产生和买卖有关的 39
企业。我们已经明白，我们这个科学完全从事于研究那些有市场价值的东西和那些包含购买行为的生产过程。因此，有关购买力的产生和运用的产业以及物质运输工作，对各方面有同样重要和普及的影响。俗说“钱能推动世界”，足以证明人们对那种生产和调节金融力量的企业多么重视。金融方面的力量，在整个产业组织中无孔不入。金融上的大恐慌，和铁路方面的障碍一样，必然要使一切产业活动无法进行，而且它的影响更为全面。

这样，虽然我们看出一个企业或是一个行业有一定的独立性并且本身相当完备，我们也看出许多原因使得各种企业和各种行业彼此间有连带关系，互相依赖。使用同样一种原材料或者动力以及以一种原材料替代另一种，在某些行业之间产生特殊的同感或敌意。有几种农业、天然物生产业和制造业，是生产过程中许多
40 后期工作的共同起点。运输业和金融业则表现为一种普遍的和各方面都有关系的部门。

可是最后需要说明，所有各种行业之间还存在着一种更广泛的同感和对立，因为它们从同一来源吸取它们生存所需的要素。新的资本和劳动不断地流到产业里去维持、加强和扩大它的组织和活力。这种新的资本和劳动力，一批新的青年劳动者和新的储蓄，第一次作为可以使用的生产能力出现时，在一个“自由”国家里，可以随意投入任何一种产业，所有各种行业必须从这个共同的固定来源中补充它们所需要的力量。因此这个来源的数量多寡、质量好坏和是否可靠以及使用这些力量所必须付出的代价，都有极重要的共同关系。任何一种原因，如果它影响社会里新资本和新劳动的数量、流动性和效率，就影响所有行业。我们进一步详细研究产业系统的运行时，将要看到许多情况足以阻碍劳动和资本的自由流动。可是只要劳动和资本可以随意参加不同的行业或是随意从一个企业转移到另一个企业，我们就必须认为它们是构成
41 产业能力的共同来源，在整个产业组织中到处活动，如同血液流过身体上各个器官和细胞，使整个系统获得有机的统一。

第四章　产业系统怎样运行 42

第一部分

我们现在对产业系统已经有了一个综合的概念，在那个系统里，一群一群的企业分作各种行业，同时这些行业有条有理地形成生产连锁，把原料和“自然”的力量变成商品和服务，供人类使用。下页的图解显示这里面的主要特征。

产业机构，利用采掘或种植等方法，不断地从自然界中取得一批批新的原材料，使它们经过一系列的制造、运输和商业过程，改变它们的形状、成分或地点，直到它们最后作为消费品离开零售商为止。

在生产过程的每一阶段，都有各项生产要素——土地、劳动、
固定资本、才能等从事于这种推进生产的经常工作，所有这些要素 43
在生产工作中被用完或消耗掉的时候，就由新的要素来补充替代，这些新的要素本身的成分也是从自然界中取得的原材料，经过一系列的生产手续，把它们处理得适合于它们将要担任的工作。所以产业系统有许多吸管伸在自然界里，四处吸取原材料和力量，进行加工，一部分做成消费品，一部分做成新的生产工具。

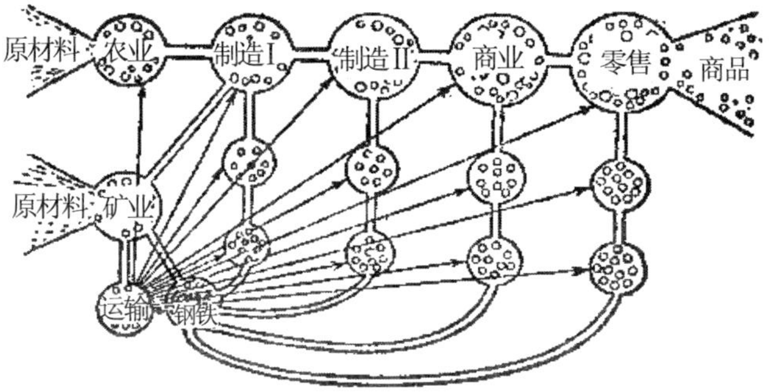

不管这个系统多么错综复杂，它的实际运转并没有什么神秘的地方。人人都知道或者能发现，主要的几种原材料，例如谷物、水果、动物、木材、纺织品、煤、泥土、金属，由许多不同的行业做成我们所用的各种各样的成品。它们的生产过程引起一种概念，使人觉得它有时候像一条河，有时候
44 像一部机器，有时候像一个有机体。有机体这个比喻最有用，使人想到产业过程好像吃进食物，消化、吸收，把它变成活动能力和新组织，并把渣滓排泄出去。可是这几种比喻都不完全恰当。它们都使人感到一切活动很有规律、很平顺自然，而实际并不是这样。人们都没有适当地考虑到一项重要的事实：在生产过程的任何阶段，加在原材料上面的每一种生产行为，都需要若干有意识的行为者，即各项生产要素的所有人的合作。必须使工厂、矿山、火车站、仓库里面无数的小业务集团的体力和精神反复地活动起来，完成无数的必要的生产行为，推动原材料在生产洪流中不断地前进。这些行为是个别的生产行为，需要加以个别的刺激。那经常的刺激怎样实现呢？这一点也没有什么神秘。在整个产业系统里，货
45 币经常在流动，货币的流动显然能执行这份工作，使各项生产要素的所有人提供生产能力。这种货币流动所走的方向，跟原材料和物品流动的方向相反。后者的流动，从天然物的生产开始，经过制造和分配过程，最后离开零售商的柜台。而前者大部分是从零售

商的柜台开始，然后依次通过分配、制造和天然物生产等过程。

拿有关皮鞋生产的各种行业来举例。

制鞋业的正常运转，需要在每一阶段都安排有适当数量的工厂和其他固定设备、机器和工具、雇主和工人，把皮革做成皮鞋，然后把皮鞋卖给穿皮鞋的人。这一套机构的存在和运用，全靠不断地在生产的各个阶段把货币付给工人、雇主、资本家、土地所有者。这种付给各项生产要素的报酬，构成工资、利润、利息、地租。这些货币从哪里来，并且怎样付的呢？要对这些问题作切合实际的答复，可以从一家现钱交易的皮鞋店的柜台上说起，假定它经常的营业额是每星期 100 镑。顾客买去皮鞋，付给现款。那店主对于一星期内收进的 100 镑，怎样处理呢？从这笔货币里，他支付职工的每周工资，留出若干准备付房租和借来资金的利息，补充存货，把 46
余下部分留作管理部门的工资或利润。这些支出都是对皮鞋生产连锁中零售过程的必要刺激。它们诱导某项生产要素的所有人把这份收入用在一个新的生产行为上，帮助维持那零售店里皮鞋的供应，使存货不会减少。我们知道，那 100 镑中的一部分是用来支付零售业中的工资、利息、利润和租金。然而零售业务的这些成本所占的数目，在那 100 镑中，大概不超过 20 镑。其余 80 镑却转给批发商，作为"订货"的价款，添购新货，补充所卖掉的皮鞋。那收到达 80 镑的批发商，也用其中一部分来支付他的办公室和仓库里的工资、租金、利息和利润，其余的钱，就算 60 镑，他用来向皮鞋厂购买皮鞋，补充他卖给零售商的那批货。那皮鞋厂同样地从它的 60 镑里，支付他经常的生产成本、工资、租金、利息和利润，就算 30 镑，另一方面用其余 30 镑添购皮革和其他原材料。那个收到皮鞋

厂付给30镑的制革厂，把它的货币按照它的生产需要作同样的支配，付15镑给农民添购生皮，那农民又拿这笔货币去支付他饲养牲畜的费用。

47 我们所叙述的过程就是这样：

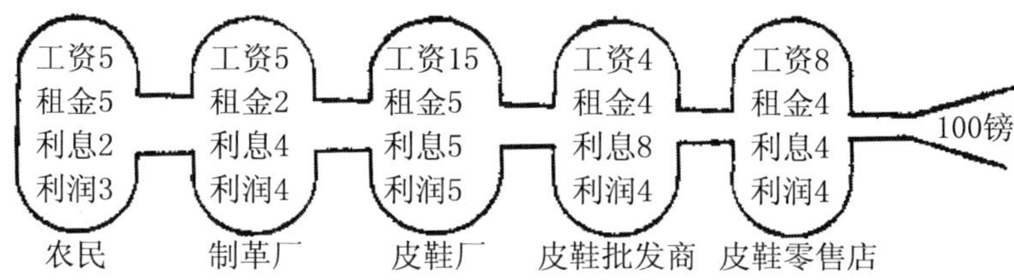

这里所说的皮鞋价款100镑怎样分配的比例，是不是符合有关行业的实际情况，没有关系。肯定的事实是，零售店柜台上所收进的100镑就是像这样在那一系列有关行业中流通，每笔货币里面的每一项支出都直接引起一种新的生产活动，这是使得产业系统不断运转的手段。人们需求成品时所付的价款，分成若干部分，在一系列的生产过程中周转流通，维持着每一阶段的必要活动，使供给能够继续不断。

如果把皮鞋换成面包、衬衫、书、自行车或是任何别种东西来说，以上的分析也同样适用。人们购买成品所付的价款，分成若干部分，作为在不同生产阶段中的费用。

有些人一定会觉得，即使在通常的情况下，各行业的运转并不完全是这样的简单、有规律。例如，信用制度并不要求一个零售店
48 或批发商等待顾客的现钱来支付他的经常费用。工厂主也不一定要商人在订货时必须同时付款。他往往预先生产，自己来设法打开销路。

可是这些商业实践的细节，我们在陈述基本情况时可以不必

去管它。在产业系统的经常运转中,货币通过对商品的需求,起着普遍的刺激作用。这种需求具体地表现在生产过程的每个阶段,作为对劳动、资本、土地、才能的“需求”。

然而,我们的简单的解说却需要一点补充。我们对产业系统的概念,说明了在每一阶段总有一套支流的生产活动,从事于供给房屋、机器和其他固定资本。这种资本的“消耗”,显然也必须从那唯一的来源——商品的零售收入——中供给。所以,当我们在零售阶段从那 100 镑中提出 20 镑作为各项费用时,一部分是要分给“资本”的,其中必须包括折旧或是对消耗的提存。在仓库、皮鞋厂、制革厂、农场各方面,所有付给资本的一份都是同样的情况。
凡是使用固定资本的地方,必须在这一份里面多付若干,以便刺激 49
那些必要的支流行业,使它们重新生产那种经常逐渐消耗掉的房屋、机器和其他设备。

那么,如果我们把这些从事于制造和销售皮鞋的一系列行业的运转情况,作为典型应用到整个经济组织上面去,我们似乎对它就有一个明确的概念,无论作为产业系统或是金融系统,都是这样。在产业方面,各种原材料经常不断地通过各式各样生产、制造、分配的程序,各有一套相当数量的各项生产要素,形成企业和行业的组织。拿它的金融方面来说,货币是以相反的方向流转,货币在零售店那一端被收进来,开始倒流上去,一路刺激着各项生产要素,从而激发一次新的活动。

第二部分

以上这样解说商品和货币的周转，似乎把两方面说成同样重要。可是，这样做不免把货币在产业系统中的地位捧得太高。虽然对于那看重投资和利润的买卖人来说，货币往往像是活动的终极目的，实际上并不是这样。

50 货币尽管重要，它却只是一种手段，而不是目的。是用于什么的手段呢？一方面是用于产业能力的分配，另一方面是用于产业成果的分配。它在整个系统里循环流转时，把劳动、土地、资本和才能带到需要它们的地方，又把生产成果分配给这些要素的所有人。既然人们公认生产是一种以消费为目的的手段，就必须把生产成果的分配当作主要目的，货币是用来为这个目的服务的。我们已经知道货币怎样在生产的各个阶段中起着指挥和刺激的作用，我们还需要了解这种刺激作用实际上是通过成果的分配才能实现的。货币本身没有能力刺激生产。尽管人们习惯地把货币看成一种最终目的，一种本身就有价值的东西，这当然是一种错觉。工人所要的不是货币，而是货币的价值。资本家要取得他的利息，地主要取得他的地租，他们所要的也都是货币的价值。所以，当零售店收进的价款分散开来，在整个系统中周转时，货币所执行的工作是分配产业的各种成果。

在那有关皮鞋产销的一系列生产过程中，唯一的产品是皮鞋，假如实行原始的分配办法，整个过程中各阶段的工资、租金、利息
51 和利润，就得用皮鞋来支付，所有收到皮鞋的人都得自己穿，或者

和其他生产系统里同样以实物作为工资、租金等所付出的面包、衬衫或其他物品进行交换。于是，在一连串令人难受的物物交换行为的末了，那皮鞋工人所得到作为他劳动的成果的，可能不是皮鞋，而是各种其他物品，这些才是他需要的东西。人们发明了货币来免除这种物物交换的危险和麻烦，并且使各种专业工人的工资可以用一般的财富来付给。因为他所收到的货币工资只是一种全面的订货单，凭这个订货单可以提取全部产业系统的各种产品，而不是某一系列特种行业的产品。文明社会的趋势，是越来越把每个工人的工作范围局限在一种特殊的工作上面，在一种行业的一项生产过程中担任一点儿工作：他所得的货币工资却把这个程序颠倒过来，让他对其他各种行业的产品都可以取得一些。因此，虽然他在自己的行业里只是一个鞋型工人或是一个修整工人，同时却也是面粉厂工人、面包工人、纺织工人、木工等，因为他能对这些其他行业的产品每样都取得一份。

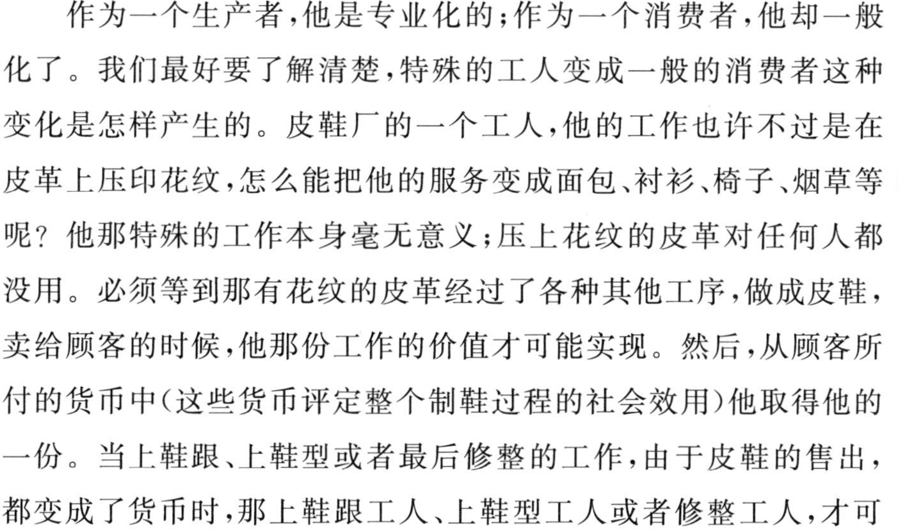

作为一个生产者，他是专业化的；作为一个消费者，他却一般化了。我们最好要了解清楚，特殊的工人变成一般的消费者这种变化是怎样产生的。皮鞋厂的一个工人，他的工作也许不过是在
皮革上压印花纹，怎么能把他的服务变成面包、衬衫、椅子、烟草等 52
呢？他那特殊的工作本身毫无意义；压上花纹的皮革对任何人都没用。必须等到那有花纹的皮革经过了各种其他工序，做成皮鞋，卖给顾客的时候，他那份工作的价值才可能实现。然后，从顾客所付的货币中（这些货币评定整个制鞋过程的社会效用）他取得他的一份。当上鞋跟、上鞋型或者最后修整的工作，由于皮鞋的售出，都变成了货币时，那上鞋跟工人、上鞋型工人或者修整工人，才可

以拿着这些货币，到一家家零售店去，把货币变成他所需要的面包、衬衫、烟草等。他在面包店里买面包的时候，他所付出的货币刺激着有关做面包的一系列的生产过程。面包店主和他的助手、面粉厂主和他的工人、农人和他的佣工，每个人从这个皮鞋工人买面包所付的货币中取得一份，他们每个人又用这份钱在零售店里购买他需要的种种东西，其中包括皮鞋在内。这样，皮鞋店柜台收进的那笔货币一部分作为工资到了皮鞋工人的手里，工资中的一部分就是那皮鞋工人自己用来买面包的钱。皮鞋工人需要面包，面包工人和面粉厂工人需要皮鞋。于是我们看出货币——
53 零售物品的价款——怎样使得各人通过彼此交换来满足自己的需要。

然而，让我们把这种交换说得比较完全一些。拿人类需要的几种有代表性的物品——例如面包、皮鞋、衬衫、外衣、椅子、肉、糖、牛奶、书、陶器——来说。把我们的生产连锁的概念，应用在上面列举的每一种东西上面，每一种产品各有一套包括四个过程的连锁，从事于生产这样东西。假定人类只有这些经济需要，并且社会里每个人需要每种东西的数量又是一样。为便利起见，用A、B、C、D……来代表这十种产品。那么，A的生产者将用掉他们收入的十分之一来买A（他们参加生产的物品），十分之一买B，十分之一买C，并且对其他七种产品都是这样。同样地，B、C或者其他各项物品中任何一种的生产者也是这样使用他的收入，每人用十分之一来买他本人参加工作的那个生产连锁的产品，其余十分之九购买同量的每种其他产品。

任何人不管在哪儿工作都没有关系，他无论在A^3、B^4或是

D，都会拿到他的收入，把其中的十分之一用在零售阶段的每一处地方（A^1、B^1、C^1、D^1……），就是用同样数目的一部分收入来刺激每一种生产连锁中的有关行业。这样，产业系统的一般产品就会全部分配到各种专业生产者的手里。这种分配的实现，完全靠成 54
品所售得货币的作用，这笔零售价款的货币陆续地付给各个生产阶段。

A^4	A^3	A^2	A^1	A
B^4	B^3	B^2	B^1	B
C^4	C^3	C^2	C^1	C
D^4	D^3	D^2	D^1	D
E^4	E^3	E^2	E^1	E
F^4	F^3	F^2	F^1	F
G^4	G^3	G^2	G^1	G
H^4	H^3	H^2	H^1	H
I^4	I^3	I^2	I^1	I
K^4	K^3	K^2	K^1	K

交换和分配的实际过程当然还要复杂得多，可是上面所讲的情况确实说明了它的主要特征。每个人用他的特殊产品的一部分来交换别人的特殊产品。因此我们看出，用货币所表现的消费者的需要和行动，怎样起着结合的作用，把各种产业过程永远结合在一起。产业系统的存在，主要是作为一个规模巨大的消费合作社。因为，从消费者那里来的货币的刺激，维持着产业系统的每个环节，激发它的经常不断的活动。

以上所叙述的这种产业机构，似乎像一架精巧的巧克力或火 55

柴的自动售货机。你放一分钱进去，就能拿到一件东西，这件东西从机器里出来时，就带动里面那些顺序排列着的其他东西各自移动一步，向出口靠拢。在我们的机器里也有类似这样的情况，零售店柜台上所付的货币激起一种活动，首先经过主流的各项生产过程，然后分布到所有供给这一生产部门的那些支流行业。连带各种生产者用掉他们的收入，也在每一种其他零售行业中发动一种刺激作用；它的第二种影响似乎同样是自动的。

这样我们就有了一个概念：一个固定的产业系统，丝毫不差地生产成品并且把它们分配出去。每一个生产要素所有人、工人、地主、资本家、雇主，各在自己的要素参与造成的产品所售得的价款中分得一份，这笔货币恰好供给必要的刺激，可以维持他的生产要素并且激发新的生产行为。全部产品构成产业团体的“实际收入”，按照一种机械的需要法则，分配给各项要素的所有人，就像发电机发出的电力被应用到工厂里每一个需要它的地方，所应用的数量精确地配合着那儿要做的“工作”。

每个人的“实际收入”，即他所得到的一般商品的数量，和他的
56 “货币收入”，即他的劳动力、资本、土地或者才能被使用后所得的货币报酬，一定是正好能够使他的要素发生作用的。分配上不会有什么问题。那团体的实际收入，完全由产业组织经常生产的成品和服务构成。

这样的解说和现代产业系统的实际情况有两点重要的不同，这就是：假定产业组织完全是固定的；又假定产业的成果，除了必须用来维持生产系统和激发它经常不断地活动以外，没有剩余。可是这两点假定都是不真实的。产业系统并不是严密的机械结构。它的组织、成分和运转，都不是固定的。它所包含的行业、企业会成长、衰亡或者改变性质。生产技术或者企业组织一有改变，设备、劳动以及其他要素的数量和种类都要跟着改变；这种改变是经常在发生的。过去几十年中，在皮鞋的制造方面，机器代替了手工，也就完全改变了制鞋行业的结构。同样的变化经常在每种产业和每个国家中发生着，变化的速度有的慢一些，有的快一些。在产业进步的时代，我们必须首先研究产业成长的规律，研究一个企业或者一种行业怎样扩大它的范围，怎样改进它的组织和运转。 57

那第二点假定，所谓产业的成果仅够供给必要的刺激，维持着系统的运转，也是同样的不真实。当各种产业连锁所生产的皮鞋、面包、衬衫以及其他成品售出的时候，各生产要素所得的钱并不全部用于购买各种零售物品。

作为租金、利息、利润、工资所付出的钱，其中一部分并不是像我们以上假设的那样，用来购买消费品。它不是用在各种产业连锁的终点，而是用在中途的某一个地方，形成新的生产资本。换一句话说，这一部分钱节约下来了，没有用掉。

对于“节约”和“用掉”这两个名词必须了解清楚，这一点非常重要。因此我们要在这里回忆一下我们那个简单的关于产业的图解。

如果这个系统的运转是这样：它在E所产出的消费品仅够供给A、B、C、D、E以及支流行业中a^1、b^1、c^1等各处生产工具所有人的需要，那么这个系统的发展就不可能实现。各阶段所有的收入或是所得的货币报酬，就会一律拿到E那儿去在消费品上用掉。可是，如果那个系统能生产的消费品数量很大，不仅仅能够满 58

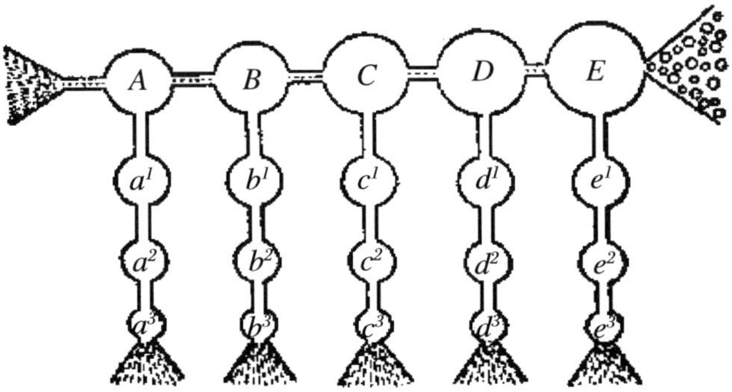

足这些需要，那么就有可能把一部分设备不必用在消费品的生产上，而用来生产更多的设备和其他固定资本，并且利用这增加的生产设备，取得更多的原材料和动力。当然，这样一番行动的**最终**目的还是要获得更多的消费品，可是**眼前的**影响却是减少消费品的生产。换一句话说，资本、土地、劳动、才能的所有人所收入的那笔货币，其中一部分不用在 E 上购买更多的消费品，而用在例如 a^1 或 c^1 上面。这样，这一部分货币就不像我们前
面所说的那样，直接在一系列生产过程中周转，从 E 一直到 A，并
59 且分布到所有的支流里去；这笔钱被用在 a^1、a^2、a^3，或是 c^1、c^2、c^3
方面，作为一种特殊刺激，以便在 A 和 C 中添置新的设备。

这是“节约”在产业上的真正意义，不用货币收入来购买消费品，而用来购买生产用品；不用来在消费品的生产主流上刺激生产，而用来刺激一系列生产性的行业，它们从事于制造设备或其他某一特殊阶段所需要的生产用品。这种为了要买更多的设备和其他生产用品而不买消费品的做法，显然是产业系统在物质上取得发展和改良的唯一手段。这里又可以看出货币是指导的力量。节约或是用掉一镑，同样对于产业和生产要素的使用直接发生刺激，可是那刺激加在产业系统中不同的地方，就产生不同的效果。在把钱用掉的时候，这个行为直接影响那主流的一系列生产过程，发

动力量去生产消费品，这些消费品从生产系统里出来以后就被拿去消耗掉。在节约的时候，这个行为直接影响支流的一系列生产过程，发动力量去生产更多的生产用品，这些东西不被人从生产系统里拿走，而是留在那里作为增加生产的工具。在普通的买卖人乍看起来，节约似乎在产业上只是一种消极的行为，就是说，不把 60
钱用掉，只把那不用的钱放在银行里。可是实际上节约和把钱用掉，对于产业来说，是同样的积极行为。我们明白，这钱实在是用掉的，不过是给人去制造更多的生产用品，而不是给人去制造更多的消费品。

从产业组织和社会的观点来说，"用掉"和"节约"的意义就是如此。当然，个人确实可以用另一种方法来节约，把他的"储蓄"借给别人去用掉。许多的"储蓄"就是这样落到乱花钱的个人或是虚伪的公司发起人和其他商业骗子的手里，他们把那笔钱用掉，因而那些"节约"的人没有能真正节约。这种虚假的节约对产业资本不能有什么增加，它的结果只是由另一批人来购买消费品。这种"纸上的节约"完全没有产业的实际意义。

然而，真正的节约，是产业系统在资本方面靠它发达增长的手段。节约的意思总是，有些人不用他们的一部分收入购买零售的消费品，而用那笔钱去添购资本用品，增加那原有的可以维持生产流转的设备。贮藏消费品，有些可以算作节约，可是对产业的运转 61
作一般的描绘时，这一点可以不去管它。节约的结果通常是增加产业系统的设备或者改进产业系统的生产能力，使它在一定时期内能生产更多的物品，只要将来的消费量增高，足够维持扩充了的设备的活动。

上文里曾把我们的产业系统作为一个生产面包、皮鞋、衬衫等十种商品的机构，并且假定这十种商品中每一种的十分之一流到十种生产者每一个人的手里。现在我们重新来看一看那产业系统，就必须修改我们的说法。如果需要给这样一个社会的产业发展作相当准备的话，我们必须假定这样的产业系统所能生产的面包、皮鞋等超过它的成员（或者一部分成员）所需要的数量，本来用来制造面包、皮鞋等的一部分产业能力，可能用来替面粉厂和皮鞋厂制造改良的机器，或是用来生产种种新设备，在这十种公认的必需品以外，制造种种新产品。这种产业能力的分途使用，起源于节约，或是由于不把购买力用在零售店里，而用在产业系统中间的其
62 他地方。货币的使用不仅刺激资本，也刺激其他要素，因此“节约”的结果不仅是产生更多的设备、机器和其他形式的资本，也使得其他要素（包括劳动在内）对它们自己作相应的新安排，假如没有节约的话，它们的使用一定是不同的。

因为，对消费品的需求或购买，能使有关的一系列生产过程需要使用资本和劳动，所以由于节约而引起的对更多生产资本的需求，也能使制造机器和设备的产业需要使用更多的资本和劳动。

在这样一个因节约而获得发展的产业系统里，实际收入不能单纯地拿某一时期内消费品的生产量来计算。一年中所增加的新机器和其他资本，也属于当年的收入。因此，如果我们拿 18 亿镑作为英国全国一年的货币收入，那么，相当于这个数字的“实际”收入就包括两个组成部分：一部分是本年中消费者拿去消耗掉的物品和服务，另一部分是本年中各种固定资本和流动资本的增加。
63 任何人获得一笔货币收入作为他的劳动、土地、资本或才能被使用

的报酬时，这两种产品（或者“实际”收入）中的一种会相应地被生产出来。因为，这种货币报酬的获得，不过是一种金融方式的记录，表示那受酬人本身或是他所有的生产工具做了某种生产行为。这种生产行为，不管改变某种物质的形状、改变它的地点或是帮助它到达需要它的人的手里，或者是作出一些算是“财富”的专门性的、公务的或是私人的服务，所有这种行为共同构成全国的实际收入：一切有形的或无形的物品，凡是有市场价值并且加入当年的财富总和的，都在其内。

64 第五章 费用和剩余

我们已经了解，构成社会实际收入的总产品，全部被分配给劳动、土地、资本和才能的所有人，作为产业使用这些生产要素所付给的报酬。在各个生产阶段所付出的这种报酬是“生产支出”。

我们看出，这些报酬在一个静止的产业系统中必须为维持产业的组织作好准备，也就是说，要维持各项要素现有的规模和效率。在一个像我们所习见的那种发展的产业系统中，这些报酬，除了维持现状以外，还必须能够扩大和改良那个组织。在静止的系统中，各项生产要素所有人的货币收入，全部用来购买各种生产事业所供给的商品，即零售的物品和服务。这些物品和服务，被人买了以后，就脱离产业系统，被消耗掉。

65 在一个进展的系统中，各项生产要素所有人的收入的一部分不是用来购买商品，而是购买新的机器设备和其他生产用品，这些东西买来以后就永久加入产业的结构中，作为追加的、生产商品的力量。

可是，如果要增加产业系统的规模和效率，那就不仅需要准备增加资本的数量和提高资本的效用，而且需要准备相应地增加劳动和才能。要达到增加劳动和才能的目的，需要优先购买那种用了以后能够提高经济效率的消费品，不买那些不能提高经济效率的消费品；也就是说，要把钱花在所谓“生产性”的支出上，而不花在“非生产性”的支出上。虽然节约的人供给了更多或是更好的生产设备，但还需要一般的支出用得适当，能够供给更多和更好的劳动和才能，他们的节约方能充分发生作用，产生实际利益。

这并不是说，所有用在衣食享受和娱乐方面不直接产生经济效率的支出，就绝对是浪费的和有害的。因为人生除了经济以外
还有其他的目的。可是这确实是说，一般支出必须要能够增加劳 66
动的数量并且提高劳动者的才能，配合资本结构的增长和改进。(由于使用新资本而增加的土地使用——例如筑路，这里不需要另作说明。)所以，在一个向前发展的产业社会中，收入将用在三方面。一部分作为各项生产要素的维持费，一部分作为增加要素的费用，第三部分用在非生产性的支出上。每一项生产要素都需要维持费。首先让我们看看劳动。劳动的维持费是给各种工人准备生活必需品，再加上一些费用使劳动的供给可以得到补充，维持着现有的效率。这就是所谓生活工资。它仅够让一个工人可能继续工作下去，同时维持一个小小的家庭，以便在他丧失工作能力的时候供给另一个工人，替代他的缺额。当然，对于不同种类和不同质量的劳动，这种生活费的数目不同。在每一种职业中，对个别工人总有一些不同，根据各人的特殊体格和其他情况来决定。这种生
活供给可以认为是一种“损耗”基金，是一种最低限度的供给，工资 67
总是按照“工资铁则”趋向于这个限度的。

在工作包含着较高的技能或知识程度的地方，这种最低生活可能提高到大大地超过单纯体力的维持，将包括相当的文化教育、娱乐休养和其他的费用，为了需要它们来维持现有的体力和脑力

的来源。因此，即使我们不考虑习惯的舒适的生活标准，经营管理或者专门技术的才能也需要比较高的工资，作为最低的生活费用。

在对人力要素的这种生活工资以外，必须谈一谈对资本和土地那两种要素所作的一种性质相同的准备。这里出现一个重要的区别。劳动的维持费构成工资的一部分，通常是最大一部分。可是资本的维持费却不包括在利息项下，土地的维持费也不包括在地租项下。资本的维持系由一种折旧基金供给，用来补偿损坏的或是陈旧的设备等。利息是在这种折旧基金已经支付以后额外付给资本家的一笔钱。同样的，在土地方面，补充土地生产力所需的
68 费用不是地租；佃户得负责“维持”土地，同时又得付出地租。经济地租和利息一样，是一种在生产要素的维持费以外的报酬。

所以，产业系统的维持费包括两部分：(1)付给各种劳动和才能的生活工资和薪俸，(2)维持各种资本和土地所用的“损耗”基金。这些费用可以认为是产业成果所负担的第一义务。对于这些费用必须全部做好准备，否则整个系统就要闹饥荒，它的结构就要瘫痪，它的生产力就要衰退。这种饥荒有时候发生，即使产业一般很发达的国家里，有时也不免发生这种情况。在一种不良的租佃关系下，农人可能听任土地损耗。一家铁路公司或者企业公司，为了必须付给股东红利，也许就不能从毛利中支付足够的折旧基金和保险基金；或者一个电话企业或电车企业，在谈妥了条件将要改归公营的前夕，也许不能充分维持企业设备的效率。然而这种事是不常有的。一般地说，产业的主管和经理们为了切身利益，总是尽先支付维持费的。

倘使产业的产品全部消耗在这些维持性的费用里，产业就不

可能有发展。可是，如果在这种维持费已经支付以后还有若干剩 69
余，这剩余的全部或一部分就可以用来扩充产业系统的规模或是
改进它的性能。用在这一方面的支出，可以叫做“发展费用”。这
种费用将包括吸收各种劳动、土地、资本和才能所需要的最低报
酬，使这些新的要素用到产业里来，在那扩大了的产业机构中实行
有效的合作。这些要素的每一项增加，都需要在仅仅维持现有要
素所需要的刺激以外，再用额外的刺激。只有用高于最低生活工
资的报酬，才能获得更多或更好的劳动力。这种“累进效率工资”
将从几方面发生作用，在任何有关的行业或者整个产业系统中，增
多和改善劳动的供给。由于它可能带来的较高的生活水平，它将
在工人中养成并且保持一种较好的体格和道德。好的衣、食、住，
将改善家庭生活，提高工人的个人品格和知识，使高级教育的种子 70
生根结果，使他们懂得怎样更好地利用金钱和工余时间以及怎样
养成和满足比较高尚的欲望。工人在身心方面的所有这些进步的
经济意义，在于他们因此可能并且愿意供献出更多或更好的劳动
力。也许最重要的直接结果是改善对儿童的抚养和教育，让他们
在人生的程途上获得比较良好的开端，从而提高下一代的工作效
率。当然，这种“高工资的经济”带有一些浪费的地方，那是由于个
别的人品行不好或者坏习惯的关系，这两点都妨碍进步和工作效
率的提高。不过人们所常见的那种情况，即工资提高得快，结果花
在酒上的钱加多，只能认为是一种暂时的例外的现象。

虽然在比较文明的国家里，工资的一般增加现在并不引起人口出生率的增高，可是由于降低了那仍旧很高的婴儿死亡率，延长人们有效的劳动寿命，更由于增加劳动的流动性，使全世界各地的

工人流向他们的工作可以产生最大效果的地方，工资的增加在一个发展的产业系统中提高了劳动供给的数量和效率。为了引起和维持那更多更好的劳动供给所需要的工资收入，在不同产业、不同
71 国家和不同的技术条件下，数目当然是不同的。可是这些数目不同的各种累进效率工资是必要的“发展费用”。倘使某一类劳动的工资或是其一种才能的薪俸增加得太快，以致所增加的报酬并不产生较高的效率，有时候甚至引起相反的结果，那么，这种支出就属于一种不同的项目，下文将另加讨论。

我们已经知道，不需要付利息来维持实际资本的现状。[1] 折旧基金能够完成这个任务。可是，如果像在发达的社会里那样需要更多或更好的设备、机器和其他形式的资本，通常就有必要实事求是地支付利息。因为，虽然可能有一天能有许多人情愿“节约”，把新资本放到产业系统里来，说明他们日后要用钱的时候可以收回，同时那使用他们的资本的一方也不必付给他们利息，可是这种
72 时代还没有到来。只有对那些不把自己的一部分收入用掉而从事节约的人付给相当的报酬，才可能获得足够数量的新设备和其他的生产资料。有时候有些人认为新设备和其他形式的资本是“劳动生产出来的”，因而一切利息都是一种不必要的或者不应该的报酬，这种看法含有双重错误。第一，在现代产业中，劳动倘使没有其他方面的帮助，也没有组织，不能单独生产任何东西；它不过是几项合作要素之一而已。第二，仔细想一想就明白，对于大多数的

[1] 然而，这并不是说付给这种利息是不合理或者不适宜的。它是又合理又适宜。因为，倘使要停止对现有资本付给利息，那些资本主就会停止提存折旧基金，而用这笔钱来暂时代替利息，让企业的一切设备逐渐损坏。

节约者，节约需要一种努力或是“牺牲”（有时叫做“节制”，有时叫做“等待”），这是产生新资本和使它发生作用的必要条件。这种努力或是牺牲，和其他生产的服务一样，必须出代价去买。那必要的代价就是利息。虽然即使没有利息也会有人节约，可是产业所需要的全部新资本以及在一个竞争的产业社会里这种新资本怎样分配给各个产业，没有利息却不能办到。[1]

所以，那最低利息，为了引起节约以便供给新资本来滋养日益 73
发展的产业系统而付给的报酬，是一种必要的发展费用。当然，各种不同的设备、建筑物等所需要的损耗基金多寡各各不同，乍看起来，为了吸引价值 100 镑的新资本而必须付给的利息应该是一律的，无论那新资本可能以什么具体形式实现。在资金流动和投资自由的条件下，实际情况确是这样。每一个节约的人可以随意用他的储蓄买进一种新的外国公债、加拿大铁路股票或是证券交易所里有市价的无数种新企业股票中的一种。这样他就帮助着建造军舰、制造机车或者对私人资本经营的新企业供给机器和其他设备。不管选择什么投资对象，他因此所得的实际利息将倾向于同样的利率。这种利率的一致性却被表面的事实隐蔽了，因为所谓“利息”通常包括一种保险的成分在内，这一部分不是真正的利息。如果除去这种对冒险的报酬（各种不同的投资所付的这项报酬大不相同），就可以发现那实际利息或是为了使用资本所付的报酬，在所有节约的人可以自由投资的那些产业领域里，是大致一律的。74

① 假如这是办得到的话，一个社会主义社会才不需要对任何人付给利息，虽然它也必须节制欲望，用节约来累积资金。它将付给自己“实际利息”，就是从增长了的公有资金中产生的利益。——原注

随着现代金融方式的发展，特别是合股企业的盛行，产业机构中越来越大的一部分归入这同一利率的范围。一个英国医生、店主或者熟练技工，节约了两百镑，可以把他的储蓄用来在艾伯塔[1]铺设轨道，在伯明翰[2]建立一座发动机厂，在德兰士瓦[3]经营一座矿井或是在阿根廷的某城市里供给电灯，不管他投资在什么地方，他所得的利息扣除了各种投资所冒的不同程度的风险大约是每 100 镑价值的节约可以获得报酬 3 镑。当然，这最低利率大致将根据新资本的供求情况上升或下降。可是在任何一个指定时期，总有一个利率，恰好能够引动所需要的新资本流入这些可以自由投资的企业。

可是必须记住，企业世界里有很大一部分不是敞开着让新资本自由地流进去的。全世界许多小型或是中型的企业所需要的资本，是来自企业家的私人储蓄，再由企业主的家族或当地的借款来辅助。因此，除了有一个需要资本的“世界市场”外，我们还有无数
75 小的孤立的地方市场。在这些市场里有各种特别的利率，如同各种劳动市场里的特别工资率一样。

利息增高，像工资增高一样，将从两方面发生作用，引起更多或更好的生产能力的供给。一方面，它将刺激现有设备和其他资本的所有人进一步充分加以利用。机器加速运转；尽可能实行两班制；动用后备机器；尽量利用各种方式的信用，并且实行其他各项节约资金的办法。另一方面，它将引起更多的节约，使得一些人

① 艾伯塔(Alberta)：加拿大西北部的一个州。——译者注

② 伯明翰(Birmingham)：英格兰的工业城市。——译者注

③ 德兰士瓦(Transvaal)：南非联邦曾存在的一个州。——译者注

减少用钱，以便作为新的储蓄投入资本市场而获取较高的报酬。

土地怎么样呢？我们已经了解，必须从产品里面留出一部分来“维持”土地，可是这笔“维持费”却不是地租。在一个日益增长的产业系统里，需要增加土地的使用，跟更多的劳动和资本来合作。已经使用的土地必须加强耕种或是改作较好的用途，不然就必须开始使用以往根本没有使用过的土地。这两种办法都需要一
定的费用。要使用更多的土地，就必须筑路，土地又需要清除、排 76
水、筑围墙以及添置其他的设备，以便使用。对已经使用的土地加强耕种，也要增加资本的支出，同时可能还需要准备更多的钱，来应付土壤的加速消耗。但是这两种办法的费用都是一种资本支出。那不是地租。在有关保养和改良的范围内，土地是资本，叫做“地租”的那种支出，是属于另外一种范畴的。

我们现在能够初步计算一下，从每年的总产品中该准备一些什么支出作为维持和发展产业系统的费用。第一是各项生产要素的维持费用或是损耗基金。

第二是发展费用，使用在两方面：(1)改善或加强原有的劳动、土地、资本或才能的使用，(2)吸收新的生产要素，加以使用。

如果全部产品受某种必然的“自然”法则的支配，能非常精确地分配在这几项用途里，完全被这些维持和发展的费用吸收进去，那么我们那种财富的生产和分配的组织，就应该是一个完全合理的、对整个社会有好处的组织。

只就单纯的维持和它的“生产成本”来说，强有力的实际需要 77
确实使产业系统不得不做出相当全面而精确的准备。因为，虽然任何行业中的工人可能流尽血汗而得不到真正的生活工资，这种

事却只有在某种条件下才会实现：或者这些工人从其他方面受到补助，或者这种消耗尽了的劳动力，能够从一批“等待的”或是失业的工人中去补充，这些失业的工人由某种公共的或私人的慈善机关维持着他们的生命。除了有这些不正常的情况（第七章中另有关于这方面的讨论），“血汗工资制度”是不合算的，一个经常实行这种办法的行业是不能继续生存下去的。在关于资本和土地的维持费用那方面，这一点更是明显。对于损耗不作经常的和适当的准备，结果只有使企业耗尽或“饿死”。个别经营不善的企业会这样饿死，可是整个行业却不会像这样消灭，除非消费者的需要或嗜好改变使有关行业完全没用。所以，对于产业组织的维持，总有一种可以说是几乎自动的准备。

可是关于发展费用，却不一定有适当的准备。维持费用支出以后所有剩余的财富，并不自动地在各项生产要素的所有人之间

78 分配得恰到好处，能够刺激必要的新的生产力量来促进生产的最大发展。这一部分剩余，可能分配得不恰当，以致对某些要素刺激过分，同时对其他要素却刺激不足，从而妨碍产业的充分发展，因为充分的发展需要各项要素比例的增长。

换一句话说，“剩余”中的若干部分可能被浪费，或者被“非生产地”使用，结果都是一样。对任何一种生产要素的报酬，以能够引起它的充分使用为适当限度，当生产要素所有人收入的报酬超过这个限度时，他就是获得“非生产性剩余”。最简单的例子是地租。我们已经了解，地租既不是一种维持费用，又不是一种发展费用。地租的缴付，并不影响一个产业社会里可供使用的土地的供给。当然，在土地私有制存在的地方，地租这种报酬也许是必要

的，因为地主可能索取地租作为让别人使用他的土地的一项条件。可是地租的这种必要性和维持费用或者发展费用的必要性（作为对某种主动努力或牺牲的一种报酬）的意义并不同，地租并不刺激生产能力。地租普遍上涨不能使人获得增多的土地加以使用，地
租下落也不会使人对土地停止使用。（特别用途的土地——例如 79
种小麦的田——地租如果上涨，当然会使愿作这种特别用途的土地供给增多，不过那是把一些土地从别的用途转移过来。）如果一个地主能得到高地租，他接受；如果他只能得到低地租，他也接受；只要他能得到一些地租，不管少到什么程度，他就不会不让别人使用他的土地。当然，他将把他的土地用在能得到最多地租的那方面。因此，在土地还是属于私有的时候，我们可以说，为了要诱导地主为他的土地选择生产效果最大的用途，就必须给他少许的奖励。只有在这个范围以内，可以认为地租的必要性是和工资或利息的必要性意义相同的。

但是，任何超过最低限度的利息，也有同样的情形。假定产业系统的发展需要若干节约，为了引起这种节约需要付给年息3%；如果愿意按年息3%供给资本的资本家收入了6%，那超额的3%就和地租完全相等。它是非生产性剩余，不能刺激和鼓舞有益的行为。既能到手，当然收下；假如得不到这额外收入，他们还是同样会供给资本的。在薪俸或工资方面，任何超过提高才能或劳动的效率所需要的部分，也有同样情形。

所以，任何对生产要素的报酬，如果超过维持和发展所需，那 80
超过的部分就是非生产性剩余。它从三方面造成产业上的浪费或损失：第一，它不能刺激生产。第二，它占去了收入或当年财富的

一部分，这一部分假如归于其他要素，可能运用在有效的生产上面。某些要素得到过分的报酬，必然会使某些其他要素所得的报酬不足，既然产业的进步依赖一切要素的比例发展，“非生产性剩余”的收入，必须认为是产业进步的障碍。最后，它对于那获得过分报酬的要素，不仅不能促进反而会减少活动。因为，收入过高利息或是其他任何形式的非生产性剩余，使那收入者不必用出他个人的全部生产能力就能满足自己的需要。我们必须认为这对生产起到一种消极的影响，延迟产业的发展。它的作用简直是要使人游手好闲。

只要产业系统能把产品作正常的分配，使各项生产要素所得的报酬，足以刺激它们维持或增加它们的生产能力，就可以保证产业的健康以及各项要素之间的完全协调。不让劳动在产品中取得
81 必要的一份，用来维持工人和他们家属的相当的效率水平，以便和资本合作，对雇主或者资本家来说都是不利的。同样地，硬把利息或利润压低，以致不能使资本和管理才能得到充分的使用，对劳动也是不利的。不仅在维持费用上，而且在生产性剩余的运用上，劳动、资本和才能各方面的利害之间有一种协调的关系。摩擦，甚至剧烈的冲突，有时会发生，这是由于一方面或是两方面不了解或者不能正确地体会三项要素的这种协调的缘故。一些不开明的雇主不顾劳动效率的损失，企图压低工资；一些不开明的工人硬要提高工资或缩短工作时间，或实行“利润”所不能负担的其他种种改良措施。毫无疑问，产业的发展往往会受到他们的阻碍。可是只要各有关方面都能了解产业的情况，在适当地支配维持的费用和“剩余”的费用这一问题上，各方面的利害是一致的。

他们利害的不一致，却发生在“非生产性剩余”出现的时候。拿产品的一部分作为地租付出去，对任何行业中的劳动或资本都 82
是不利的。降低或甚至取消地租，乍看起来对双方都有利益，但是我们进一步就会看出双方可能获得和保持这种利益的机会，并不相等。在所付出的任何其他非生产性剩余方面，例如非常高的利息或者薪俸或是什么费，也是这种情况。唯一的真正争执的原因，资本、劳动、土地、才能之间发生矛盾唯一真实的原因，是那非生产性剩余。它在产业系统中成为不断的纠纷的源泉，引起经济的病症。

因为，地租以及其他不劳而获的和非生产性收入这一种剩余，反映了越来越多并且很大一部分的产业能力，从一些对社会有益的用途里转移出来，被用在绝对有害的地方。我们已经看出，这方面的损害，一大部分在于生产成果在各项要素之间分配得不适当。地租或者某些形式的资本所得的利润过多，必然使劳动和其他一些形式的资本营养不足，不能适应产业发展的要求。

除此以外，取得非生产性剩余还另有一种害处，有时候甚至更为严重。我们在对产业系统的简单的解说中，按照一般习惯，没有考虑到一个在现代产业中占重要地位的要素，这就是“国家”。因 83
为，虽然国家组织不是为了执行仅仅有关经济的任务，政府工作中越来越大的一部分却跟产业的保护和促进有关。陆军、海军、警察等国防事业以及大部分刑法和民政，都是为了保护私有财产和人民的经济活动。国家为了提高人民身体和精神的健康，用在卫生、教育以及其他事业上的经费，必须被认为是直接地或间接地有助于经济效率的增进。中央和地方的许多立法和行政措施，具有明

显的产业方面的目的，意图改善劳动的条件、管理工商业的经营以及保障消费者的利益。

国家的这种工作既然对产业的安全和发展都有帮助，就应该认为它是一项生产要素，和劳动、土地、资本以及产业中工作人员的才能共同合作。虽然人们看不出国家站在产业过程中的每一个阶段像其他要素的所有人那样要求工作的报酬，可是事实仍然是事实，国家必须有它应得的一份。它也需要它的维持费用和发展
84 费用，从一切报酬的唯一根本来源——产业的总产品——中支付。国家用什么方法分取它的一份所得，我们以后再来研究。这里只须承认它和其他的生产要素一样，可以凭天赋的或合理的权利，分得它的一份；因为它帮助了生产，而且，如果它不获得应得的一份报酬，就不能适当地给予这种助力。如果不从总产品中供给相当经费，以便维持和改进国家机构，所有办理不善的公共事业就可能弄得那样不安全和没有效率，以致资本和劳动不能流到需要它们的产业那里去或是不能有效地合作来生产财富。

我们有必要这样约略地提到国家的经济工作，否则对非生产性剩余所包含的浪费和损失，不能充分了解。因为土地和某些幸运的资本的所有人所获得的剩余里面，只有一部分是从其他私有生产要素身上转移过来的。它里面也有一部分是应该属于国家的财富，因为国家需要用这项财富来把公共事业办好。如果分配出
85 来的财富里有很大一部分是非生产性剩余，就会导致私营产业系统中的其他生产要素以及国家都会营养不足，受到损害。

所以，我们考虑到各种（公有的和私有的）生产要素应得的报酬以及产业的产品在这些要素的所有人之间怎样分配的概况，我

们可以把分配的结果总结为这样：

维持费(生存的费用)	甲
生产性剩余(发展费用)	乙
非生产性剩余(浪费)	丙

甲、“维持费”包括(1)最低工资，用来维持各种劳动和才能，使产业维持现状，继续运转；(2)折旧费，用来补偿设备和其他固定资本的损耗；(3)土地的保养费，用来补偿土壤的消耗；(4)为产业服务的国家公共事业的维持费。

乙、“生产性剩余”包括(1)为吸引更多和更好的劳动和才能，以便扩充和改良产业系统的最低的累进效率工资；(2)一种最低的利息，能够引起所需要的新资本和数量增多、质量提高了的劳动来 86
合作；(3)公共事业的扩充和改良费用，以便国家更好地为产业服务。

丙、“非生产性剩余”包括(1)土地和其他天然富源的经济地租；(2)一切超过“乙”项规定的那种必要利率的利息；(3)一切过高的利润、薪俸和其他对才能或劳动的报酬(超过在同等竞争条件下足以充分使用这些要素的必要报酬)。

87 # 第六章　非生产性剩余

我们已经看到，实际的分配过程是无数次的货币支付，把成品价款的一部分分给那些参与生产这些成品的工人、资本家、地主、经理。这样付出去的不仅是维持费用；在各个生产阶段为了使用劳动、土地、资本、才能而付给的代价中，也包含着这些要素所有人可能获得的一种剩余，不管是生产性的或是非生产性的。

那么，如果我们认为有必要研究非生产性剩余所起的作用，就必须在生产要素的买卖中来研究它。我们必须考察取得工资、地租、利息和利润的条件。

首先谈使用土地而付的地租最为方便，因为地租显然是“非生
88 产性剩余”的一个最明显的例子。只要想到一种财富和产业的科学，就看出地租和其他的报酬不同：地主不经过个人的努力或牺牲、不贡献个人的生产力量而领受报酬；工人拿自己身体的生产能力换取工资，雇主拿他的心力和时间换取利润，甚至资本家也还要延迟某种目前的享受，方能使资本取得利息。只有地主什么也不干就坐享报酬。付给地主地租，是因为使用了他的土地，可是那土地不是他帮助造成的。不错，有时候他帮助了改良土地，把它弄得比较肥沃或是比较方便，也用了一些脑力和资本在上面。但是在这种情形之下，他获得进一步的报酬，这一部分报酬虽然有时候和

地租混合在一起，实际上不是地租。因为，地租是为了使用土地的
天然特性、肥沃和地势的优越而付给的代价，不是一种对地主的工
作报酬，也不是一种企图诱导他去做任何工作的动力；它只是那一
小块成了他的私产的天然物的某种服务的代价。因此，如果我们
把“地租”和其他对土地改良的报酬区分清楚，就明白经济地租是
一种完全不劳而获的非生产性剩余。地租的增高或降低并不影响
土地的供给：不论多寡，土地所有者只是能得到多少就拿多少。在 89
这一点上地租跟那种用来诱导工人、资本家和雇主出力的报酬不
同；这一点区别，人们早已看得清楚。许多早期的经济学家认为地
租是唯一的剩余。工人们互相竞争出卖劳动力，最后所得的工资
是仅够他们生活的或是他们肯为它而工作的最低数字。资本家和
雇主互相竞争，结果利息和利润趋向于被减到最低限度。在劳动、
资本和才能的这些必要的“费用”从产品中支出以后，多余的部分
即剩余，就归于地主。

这是许多思想家广泛地接受的一种理论，他们完全不管这样
的处理是否公平，也不做出任何不利于地主有权收取地租的结论。
今天许多人根据这种理论来攻击土地私有制或者“单一税”的主
张。他们那么坚决地相信经济地租是唯一的剩余，是收入中唯一
不劳而获的和非生产性的成分，所以他们认为地主从日益增多的 90
地租中把现代产业技术所增产的财富，除了维持必要的资本和劳
动所需要的费用以外，全部拿去。在他们的思想中，地租是唯一的
非生产性剩余。

可是，假如土地的供给是绝对有限的，并且土地完全属于独
占，那么这种对地租的看法大体上是正确的。一个岛的唯一主人

就可能凭地租的名义把所有的产品，包括农业以及其他各种产业的产品，除了支付最低的生活工资以及其他资本和才能的费用而外，全部拿走。他可以任意向其他要素的所有人提出条件，因为他可以不让他们大家使用土地，没有土地，他们的劳动、资本或才能就没有用处。从前有过，现在也还有那种地主，他们在某些地区内具有的这样的权力几乎原封未动。拥有数个村落以及周围田野的地主，能够硬性规定所有的村民的工作条件和生活条件，规定村民的工资和缴纳地租的数目，规定职业、娱乐、宗教和政治信仰。任何人如果反对，他可以离开本乡，上别处去找工作和住所，只要他能够找到。在某些城市里有地皮的地主对他的租户也有类似的权力。如果他拥有整个城市，或是整个具备特别好的居住条件或商业条件的地区，他就能对那些因为业务和工作关系不得不在那个
91 城市或地区里居住的店主、医生或工人索取极高的租金。还有那种依赖当地顾客的店主这种极端的例子。在店址的租约期满需要重新订约的时候，地主显然能够尽量提高租金，把该店由于店主勤劳能干或者附近人口增多和需要增加而多得的利润，全部或几乎全部拿去。

不过，这种土地独占的极端的例子尽管存在，它们却是例外，而不是一般情况。地主的权力很少是绝对的。可以作某种用途的土地的供给很少是绝对有限的，并且所有的这一种土地通常不会全部属于一个人所有。虽然德文郡公爵[①]可能拥有整个伊斯特

① 德文郡(Devonshire)：英格兰西南部州名。——译者注

本[①]，他也不能把他的地租提高得超过一定的标准；因为，如果他当真那样做的话，许多有意要在那儿落户的人以及公寓老板就会到伯恩茅斯[②]或其他地方去居住，并且各行各业的人也会跟着一起走掉。人、货物和燃料的运输费用愈来愈低，因而一个制造商不会像从前那样被束缚在一个固定地点。流动性增加了，他就可能以比较便宜的条件获得工厂、仓库等所需的土地。少数人拥有一个城市里位置最好的地皮，并不能使他们拥有独占者的权力。大多数人创办企业或是找房子住家，不限定要在某一块地产上，他们 92
可以在分别属于不同主人的许多空地或是空房子之中选择。虽然伦敦还在很快地发展着，并且全部土地是私有财产，但许多住宅区附近地方的地租最近却仍旧大大地降低。一家印刷公司愿在乡间设立印刷工厂，可以用比农业上略高的价钱，购买或租用土地。他们能这样做，因为任何地主都知道，倘使不肯依照这种条件让他们使用土地，他们能到别处找到。所以，一个城市或是乡村里的全部土地可能属于比较少数的人所有，然而地租并不因此就能上涨到那样的程度，以致把产业的剩余全部吸收进去。

地租所以能存在以及它的数目多寡，不是决定于垄断，而是决定于稀少性。各种事业都需要一些土地。农民、采矿公司、酒厂、纺织厂、城市仓库、杂货店、律师，都需要用一些土地，都必须出钱购买土地的使用权。因此地租在各种事业中必须列为一项费用。再说，每个人需要一点土地作为居住处所，因而必须付出他收入的

① 伊斯特本（Estbourne）：英格兰西南部市镇名。——译者注

② 伯恩茅斯（Bournemouth）：英格兰南部市镇名。——译者注

一部分作为地租。可是我们必须了解清楚，在以上这些例子里，人
们用地租作为代价所购买的对象，是某一种特殊的土地或者特殊
93 的用途。人们所需要的是耕地、牧场地、果菜园地、近郊地皮以及
城市里可以住家、开店、设仓库、执行专门业务的地基。虽然各种
事业都需要一点土地，但在某些事业里土地的作用却显然比在另
一些专业里重要得多。在农业和矿业里，土地是一项极其重要的
要素；在专门职业或是某些批发行业或是金融业里，它便是一个比
较不重要的要素。这些事业需用土地很少，土地的坐落对它们也
不最重要，显然是可以用便宜价钱买到土地的使用权的，因为它们
对土地的需求小而合用的土地供给大。这样它们就有力量和地主
们讨价还价，因为它们能使地主们互相竞争，从而压低价钱。另一
方面，那些需用土地很多或是需要某一种特殊性质或特殊位置的
土地的事业，就得付出很高的代价，因为拿那种特殊土地的供给比
例来说，它们的需求大。爱尔兰的农业地租，在“土地法庭”时期以
前，高到使人难以忍受，因为当地人口日见增多，人们不得不在家
94 乡一带地方谋取生活，于是互相竞争，以高价争取那供给确实有限
的可以耕种的土地。一家采矿公司通常必须对那供给非常有限的
产煤地或产铁地的地主（或是几个竞争的地主之一）屈服，因为他
必须有大量的土地，才能经营业务。我们已经看到，为什么那不受
特殊地点束缚的制造商能够得到便宜的土地来设立新工厂，而当
地的店主每次续订租约时却容易被勒索高额租金。这种情况之所
以不同，其关键在于土地的稀少性压力的不同。英格兰土地的数
量有限，以及每一个城市里距离市中心不远或变通方便的地方更
属有限这些事实，并不能使地主们有权力在大多数用途上任意对

使用者勒索高价。虽然在某种地方为了某种一定的用途，例如在证券街[①]开店，在伦敦商业中心区开设银行，以及在城市或村镇外围租地耕种，可能给地主们很大的优势，但是为了许多商业甚至住家的目的，却能以一般认为“合理的”价钱取得土地，因为适当的土地的有效供给尽管有限，和需求比起来还是不少。一家获得巨大利润的保险公司需要地基新建一处分公司，地主并不能因此就索取高价，超过他可能向一个普通店主或是其他商人取得的数目。95
因为，如果那块地没有什么特别的有利条件，保险公司可以从许多竞争的土地中去选择，只须付出当时的市价。

所以，土地使用的价格不是直接决定于土地的效用，而是决定于它的稀少性，并且在不同地方和不同用途上这种稀少性互不相同。土地可能具有很高的效用，然而得不到地租。在一个新开发的地方，如果肥沃的和交道便利的土地很多而人口很少，就有这种情况。这时良好的土地人们只须申请就能领到，或是只须付很低微的代价。天然的地力并不能使地主可以任意索取高于名义上的地价或地租，只要还未利用的土地仍然很多。必须到农业人口对肥沃土地的需求增加使其已经全部利用的时候，才能取得真正的地价或地租。如果在一片分属于几个人的肥沃的谷地里，有 20 处田地，地势同样好，可是只有 19 个居民，那么地租一定只能是名义地租，因为土地的供给超过需求，每个居民可以使那几个地主互相竞争，从而压低地租。可是一到有了 21 个居民需要田地时，全部

① 证券街(Bond Street)：伦敦最繁盛的街名。——译者注

96 田地的地租就会涨到一个很高的数字[①]。只有 19 个居民时，土地多劳动稀少；有了 21 个人，就变成劳动多而土地稀少了。由于土地稀少，才使土地产生地价或地租。稀少的程度增加，土地出租或出售的价格也跟着上涨。地力，即大自然对农业生产的贡献，仍旧是一样。地租的上涨完全由于稀少性的加强，也就是更多的人需要使用土地。

大多数土地能够作几种不同的用途，至少在文明的国家里是这样。拿农业上用的土地来说，就可以用作牧场或耕地，或者用来种植果树。如果土地邻近城市，可能还有其他用途，例如用作菜圃或是郊外的建筑地基。现在，如果我们把这里所提到的各种用途依次排列起来——牧场、耕地、果园、菜圃、郊外建筑地基，很明显，它们代表着一种愈来愈高的地租等级。一英亩有这些用途的土地，一般说来，用作牧场所得的地租最低，用作郊外建筑基地所得
97 的地租最高；其他各项用途在这两个极端之间获得不同的地租。为什么牧场的地租最低，郊外建筑基地的地租最高呢？不是因为建筑房屋或花园的用途本质上高于饲养牲畜的用途。这些高低不同的地租不是决定于效用，而是决定于各种地租所体现的不同程度的稀少性。一英亩近郊的土地租得高价，是因为城市附近的地亩数量非常有限，而郊外的人口却日益增多。供给稀少了。一英亩牧场土地只能租得低价，是因为可以作这种用途的偏僻的土地通常很多。如果利用又便宜又快的交通运输在较远的地方大量开

① 实际上，涨到一个略高于那 21 个居民中能力最低的一个人所能负担的数目。——原注

辟同样好的居住地区，来消灭近郊土地的稀少性，那么近郊建筑地基的地价就会下落。禁止外国牲畜进口，英国牧场地的地租就会上涨，因为它现在获得了一种稀少性价值。所以，地租所换取的对象虽然是土地的效用或服务，地租的多寡却取决于各种土地的稀少性。

因此，一个地方的人口日见增多，需要愈来愈大，就会根据所有满足这些不同需要的土地的稀少程度，给土地的不同用途造成一套地价和地租。这样，就全部土地来说，平均一英亩牧场地的地 98
租算它 10 先令，一英亩麦田算它 20 先令，一英亩忽布[①]园地算它 30 先令，同时砖泥地、菜圃、近郊土地平均一英亩的地价再高一些。这些可以认为是土地的各种用途的市价。当然全国各地有许许多多的这种市价。例如，每个郊区自有一种地价，按照这个地价或是大约这个地价，当时可以获得良好的建筑基地。

这种地方性的或者其他的地价差别都是稀少性的程度问题，也就是人口的需要对土地供给的压力问题。

土地的一种特定用途（例如种菜或是建筑房屋）的价格，即是这样决定的，实际上各块土地所得的地租高低，当然就决定于它们适合于这种用途的程度。

如果稀少性使得每英亩普通的麦田收入 20 先令，比普通麦田较好的土地当然会相应地收入较高的地租，较坏的麦田相应地收入较低。土地作其他各种用途时，也是这样。用地租作为代价，所 99
购取的是土地的若干效用，不管是种麦、种果树或是作建筑基地。

① 忽布：一种植物，它的花是使啤酒带苦味的原料。——译者注

当某一英亩所包含的效用超过另一英亩时，它的地租当然就比较高，正如一个效率高的计件工资工人的每周收入超过一个效率低的工人一样。

一英亩生产力较大的土地比一英亩生产力较小的土地能够获得较高的租金；如果一英亩生产力最差的土地得不到地租或是只得到很低微的名义地租，另一英亩生产力比它高10%或20%的土地就得把这一部分优越生产力的产品，完全付作地租；这些非常明显的事实，曾被人说成一种“地租法则”，因而给政治经济学带来了许多神秘的意味。

事实上根本没有什么地租法则，不过是把一项明明白白的数学的道理应用在土地使用的买卖上，这种道理对于各种东西的买卖同样可以适用。你无论买一样什么东西，因为它包含着你所需要的一种“用处”，所包含的“用处”愈多，你付的代价愈大。如果某一英亩麦田比另一英亩好两倍，你就出两倍的代价去买它，如果好十倍，你就出十倍的代价。①

100 就麦田来说，你所买的是土地生产小麦超过耕种费用的能力。如果这“剩余”或超额部分仅仅是一个名义上的数目，所付的地价或地租就也是名义的；如果剩余的数目大，地租也相应地大。当种田的必要劳动和资本所取得的报酬仅够他们本身的“费用价格”时，土地使用的代价——地租，就等于全部剩余。

① 但是，这并不是说，一英亩出产30蒲式耳的地比出产15蒲式耳的地可以得到双倍的地租。假如小麦的生产不需要劳动和资本，才会那样。如果劳动和资本的费用需要10蒲式耳，那么在较次的土地上，就剩下5蒲式耳的“剩余”作为地租；较好的土地可以获得20蒲式耳的地租，就是比它好四倍。——原注

简单地讲，这就是说在劳动和资本多而土地稀少的地方，这些要素合作所得的果实全部被地主拿去。换一句话说，地租是土地的“稀少性价格”：这是所谓“大自然的吝啬”的结果，也就是说，在许多地方以及许多产业用途上，所有肥沃的或是适宜的土地还是供给不足。

因为有这种稀少性，所以“非生产性剩余”很大一部分作为地租归于地主。可是有人相信这一项剩余成分，无论在什么地方，一定总是上涨，因为“大自然”在土地的供给上有了绝对的限制。这 101
种见解是不正确的。

土地使用的供给不是固定的。人们不能增加地球的面积，不能大量填海拓地，这些虽是事实，却不关重要。因为，和我们有关系的是可以满足经济目的的那种“土地使用”的数量。对这种目的来说，供给不是固定的。例如，大不列颠所需要的土地供给并不靠它本身那很小的面积。在产业生命和食粮方面，有全世界作它的来源。就有效的土地供给而言，世界正在扩大。加拿大西部新筑一条铁路，埃及或是澳大利亚改良水利，对大不列颠和全世界的经济来源都增加了土地。再说，每一项耕种方法的改良，像今天这样在所有的文明国家中非常迅速地流传采用，虽然不增加耕地的面积，却能增加土地的生产力，效果正是一样。现代农业科学显示着人们可能从土地中获得大量的增产，而不需要相应地增加劳动。这就等于大大地加多了新的肥沃土地。就土地内部的资源来说， 102
勘探和开矿方面的新方法有助于发现以及采掘煤和金属，也就是大大地增加我们的有效供给。如果我们丢开土地的生产力和蕴藏，再来谈地面在建筑和其他事业方面的使用，我们不需要假定稀

少性必然无限制地增加，表现在日益上涨的地价上。普遍实行比较便宜、迅速、方便的交通运输，大大地增加可以供给这些用途的土地，从而减低它的稀少性价值。一种取费低廉的电车和汽车事业，对于压低城市地租有很大的效果。

如果人口的增加和这些改良措施的速度相等，或是人口虽然增加得较慢，而消费水平的发展却要求比较大量的土地使用来满足吃、住和其他物质的需要，那么，土地的稀少性当然就会使地主们能够从地租上取得较大的一份“剩余”。但是，就文明世界的范围来说，实际的趋势似乎相反，人口增加的速度减低而适用的土地却在增多。在大不列颠，虽然城市生活的发展引起了地价高涨，但土地在吸收剩余财富上所占的整个优势，在上一世纪中，大概就已
103 经不断退落；当然不是绝对地，而是相对地。虽然不可能作精密的计算，我们可以相当肯定地说大不列颠财富的增长比地租总额的增长快很多。

如果土地的稀少性产生地租，任何其他生产要素（资本、劳动或才能）的稀少性，也就可能产生同样的结果。实际上确是这样。只有这一点区别：地主没有经过任何需要报酬的努力或牺牲，因而地租全部是稀少性价值。可是，我们已经了解，劳动、才能和资本需要从产品中取得它们的维持和发展费用。只有他们的收入超过这些费用的时候，那超出的部分才相当于地租。然而，这些其他要素的任何一项，只要能获得像地主收取地租的那种地位，就是说如果它们能使得本身这一项要素稀少，也能得到同样的剩余。

因为资本家通常互相竞争，就有人认为他俩所得的利息不能包含一种“剩余”或是稀少性价值。他们把情况说成这样：储蓄通

过各种投资途径注入产业系统，自由流动，充塞了需用资本的每个
部门，结果所有的利息全被压到一个共同的水平，就是仅够诱导那
节约的人们继续节约的最低利率。然而，这种说法包含着两点假 104
定，就许多资金使用的情况来说，这两点是不真实的。第一点假定
是，一切资本都能自由流入所有的使用资本的地方，寻求报酬最高
的投资。第二点是，在任何产业部门中，跟土地和劳动比起来，资
本是不会稀少的。第一点假定，每个经营企业的人都知道它不真
实。在每个国家里，广大的利润优厚的产业界总有一个小圈子，不
让外边的人随便进来，以便里面所用的受优惠的资本能分得高额
的红利。如果这种企业为了扩充业务需要更多资本，只有原来的
股东或是其他有特殊关系的人有投资的机会；如果需用外界的资
金，就按照市场利息去借，供给这种资金的人不能分享公司的巨额
利润。有地位的资本家不放外人到“屋子里面来”，就是决不让他
们分享一点他们借助于他们的资金而“赚来”的高利。

现代产业中每一个发达的部门，总有一些企业能够对它们的
资本给予很高的报酬；有时候用合并或者同行协议的办法，整个行
业都可能这样。普通的投资者或是没法把他的储蓄投进这种产 105
业，或是不得不买进原有的股票，所付的代价使他只能获得最低的
报酬，因为那卖出的人用抬高股票价格的方式拿去了一大笔预计
的未来利益。在规模大的制造业、获利丰厚的矿区、水陆运输业的
某些部门、半公共事业、某些分配行业、银行业、保险和金融业里，
有大批地位优越的资本，替它们原来的或是现在的主人所赚的利
息，超过自由竞争的利率很远。我们以后的研究将说明这种资本
所享受的利益的性质。这里只须提一提那众人皆知的这种特殊利

益的存在。所谓一切有资本的人互相竞争把一切利息压低到一个共同的最低水平那种完全的竞争自由，并不存在。大批的资本被提到各种比较高的利息水平，而且不能说这些高额利息是由于一时的幸运或是业务兴旺。虽然一切股利都可能变动，这些实力雄厚、受保护的企业却比其他企业的变动较少，它们多年来的正常平均利息证明它们有力量取得“剩余”。

现代企业中明显的事实说明了资本和土地一样，能取得一份非生产性剩余。它所以能取得剩余的原因也是一样，就是由于稀
106 少性。可是土地由于天然的稀少性取得它的剩余，资本取得剩余的方法却由于它本身所造成的稀少，也就是人为地限制自由资本流入某些一定的用途。维持这种限制，可以依靠取得原料、动力或地点上的特殊便利，依靠关税或别种国家助力，依靠同行协议或联营；这些限制不管依靠什么方法来维持，都意味着不让资本自由流入一个行业，因而使那个行业能够替供应有限的资本取得一种稀少性的利率。例如，是不是有人能想象，如果任何公司真正能在英国新开一家银行，在相等的条件下和现有的一些银行竞争的话，银行业中已缴资本所得的红利还能像现在这样吗？安排在一种优越地位的资本，不受自由竞争的影响，完全和土地一样地吸取剩余。地租全部是“非生产性剩余”，而利息里面有一部分是所得，这虽是事实，却不可因此就使我们看不清这两种剩余相同的地方。两者都是不劳而获的收入，因为土地的天然稀少性或者资本的人造稀少性使得稀少要素的所有者能够在产品付过其他比较多的要素的最低“费用”后，占有全部剩余。

如果把地租这个名词应用在对生产要素的各种形式的“稀少

性报酬”上，这种“剩余利息”就是地租。某种才能或劳动力得到的 107
那种超过效率工资的报酬，也是这样。有时候某一种工资劳动者，和其他生产要素比起来，处于稀少的地位，因而能够取得一种超过当时效率要求所应该付给的工资。在新开发的国家，可供使用的良好的处女地很多，资本流入比劳动流入得快，就会发现这种情况。在资本很多的城市或其他地区里，组织严密的行业里的工会有时候能够暂时取得“稀少性工资”。可是，等我们对劳动市场的情形作出比较全面的分析时，就会认为这些情况是例外。只有比较高级形式的人力（我们管它叫“才能”），才显出一种能取得稀少性报酬的能力。在土地和资本的“地租”以外，可以加上这“才能的地租”。许多人承认土地的租金是不劳而获，也承认资本有时会取得过分股利，可是他们对那认为才能的报酬有一部分应该属于这一类的看法，却犹豫不敢接受。这是一半由于地主和资本家可以游手好闲地靠他们的土地和资本的收入生活，而一个有才能的人
则往往不断地贡献出个人的生产能力。人们一般觉得不但必须给 108
他报酬，而且吝惜对他的报酬都是不合算的。各种发明家、组织家、管理人、官吏、专门职业人才、艺术家、熟练技术人员，必须给予相当的报酬，使他们做出最好的工作，因为那份工作的效用愈高，如果不能使他们把工作做好，损失就愈大。既然这种工作的性质（主要是脑力的、精神的或艺术的性质），不适宜于用普通对于大多数体力劳动所用的那种计件和计时的工资办法，人们就觉得报酬似乎从宽，才比较妥当。有些地方曾企图以廉价购买才能，像合作运动或者地方事业里有时那样，结果受到重大的损害，从而明白了这种经济的教训。

要确定需要什么程度的报酬来维持和激发各种生产才能，是一件又困难又复杂的事；可是决不可因此就说才能必然值得它所得到的那个价格，并且认为假如它只能得到较低的价格，工作就不会那么好。现今在英国公认为第一流的外科医生施行一次复杂而困难的手术，手术费也许是 100 镑。一个普通病人不出到这个数
109 目也许不行；如果他出得起钱，也许是值得的。那么，在一种意义上，这似乎是一笔必要的报酬，要使用这种技能，非出这样的报酬不可。可是很可能在德国由同样好的医生施行这种手术只取手术费 40 镑，或是在瑞士只要 20 镑。为什么在这些别的国家里手术费低得这样多呢？第一，在德国和瑞士，由于良好的高级专门教育的机会比较普及，被培养出来的人才占比较大的比例。这样，第一流外科医学才能的供给就会增加。另一方面，在德国和瑞士，出得起 100 镑手术费的富户比较少，因而对这种高价手术的有效需求比英国少。才能的供给比较多而高价手术的需求比较少，在这样情况下，手术费一定降低。因此，虽然现在我在英国必须付 100 镑的手术费，如果改良和扩充教育，培养出较多的第一流外科医生，我也许就能用 20 镑买到同样的才能。所以，尽管乍看起来，好像那 100 镑手术费是一种完全必要的合理的报酬，用来换取一种稀罕的技能，但其中的 80 镑显然完全是一种稀少性的地租，随着稀少性程度的高低在涨落。

110 或者，拿市政秘书和英国大城市里其他高级官吏的实例来说。人们认为如果给他们这种人才的报酬少于 1000 镑至 1500 镑，对公务是不利的。可是我们有理由可以相信，在德国或法国用这样薪俸的一半左右，就能得到至少同等资格的人担任这种工作。原

因很明显，一方面教育的机会比较平等，另一方面，有才干的人没有那么多的机会参加那些时常可以获得“剩余收入”的事业，结果就有比较多的资格很好的人愿意来担任这种公务工作。有时候有人认为也许有必要保留几个高薪的位置，作为奖品来诱引大量的人才流入专门职业或是企业界，那些地方还有非常多的空白。可是，无论对专门职业的花费或是对企业利润来说，这种赌博性的诱惑都是一种错误的经济打算。艰苦努力的医生和工程师所得的那种低微的甚至“血汗”的待遇，使人不能有经济上的理由，硬说这些职业的最上层那几个人所得的巨额收入有什么必要性。他们没有根据可以说他们在目前的环境下所能取得的报酬无论多高，都是他们个人服务的一种公平的或是永久的评价标准。实际上很明显，正如某些受优惠和受保护的资本家集团能够取得超额利息一样，某些派系或等级里的专门职业、公务和企业人才也能取得超额薪俸、服务费或是利润。这些报酬和土地的地租是同样性质，都是某一种生产要素由于天然的或人为的原因以致供给短少，因而获得的稀少性报酬。

根据这样的了解来说，所有未曾在发展费用里分配掉的剩余产品，按照各项生产要素的“势力”大小，分配给各要素的所有者。非生产性剩余流入哪一方面，在产业系统的各个部分是不同的。在某些国家和某些产业里，土地最占优势并且最稀少，大部分剩余就归于地租。在其他一些国家和产业里，资本或才能稀少而土地比较多，那儿的利息或薪俸和利润所取得的剩余就比较多。

这种关于剩余怎样分配的一般结论，符合所有国民财富日渐增多的国家里的普通经验。例如，有人认为在一个像英国这样的国家里地主是余产承受人，取得全部剩余财富，这种想法是和最明显的事实表现相反的。即使对“经济地租”作最广义的解释，也不能把国民总收入的15%以上归在它的项下，可是算它10%就比较
112 合理。显然许多富有人家那种奢侈闲逸的生活是靠地租以外的其他收入维持的。实际上，有充分理由可以相信，这个国家的总收入中应当算作股利或是利润的部分，近百年来增加的速度比地租快得多。虽然这些股利和利润里面有很多可以算作维持和增加现代产业中日益增长的资本和组织能力的“费用”，可是毫无疑问，其中一大部分是不劳而获的或者“稀少性”的报酬，不需要受酬人在哪方面作相应的努力或是牺牲。最进步的工业国家里最有钱的人，今天的主要财源不是土地，而是对其他制造、运输和金融工具的占有以及对市场的控制。

本章附录

“非生产性剩余”的社会浪费

以上的分析，将非生产性剩余放在很显著的地位，对于它在产业中所起的作用，可能引起一种错误的想法，因而有必要在这里加
113 以澄清。构成这种剩余的地租、超额利息和其他成分，虽然在刺激收入者的产业活动方面不起什么有益的作用，可是它们对产业的一般影响却可能似乎是有帮助的。有了它们才可能有那种用在奢侈享受上的花费，从而引起许多行业的活动，另一方面那没有花费掉而节约下来一部分又可以去增加全国的产业资本。因此这种剩

余，就维持或激发那些“不劳而获者”的生产力量的意义来说，不是“生产性的”，可是就它的进一步的用途来说，无论是花费掉或者节约下来，都可能认为是生产性的。但仔细研究一下，就会消除这种想法。因为，花费在奢侈品上的那一部分，对于产业和就业的总额丝毫不能有所增加。假如这笔钱不落到地租或超额利润收入者的手里作为非生产性剩余，而由于比较公平的分配，分给劳动作为“效率”工资，它仍旧是用在购买商品上面。这些商品，决不是富人所用的奢侈品，而是工人家庭的生活必需品。这笔钱不在奢侈品行业中增加就业，却在那些生产工人阶级生活必需品的行业里使就业机会同样增加。可是奢侈品的消费对于产业系统的工作能力 114
毫无帮助，工人阶级的支出却能提高劳动力的效率。这是就“非生产性剩余”花费在奢侈品上的一部分而言。

也许那节约的一部分，似乎在产业上无论如何一定是有益的。可能有人说，把“非生产性剩余”节约下来投入新的资本的形式，和把较高的工资用来提高工人阶级家庭的劳动效率差不多同样有益。多一些资本和多一些劳动能力，同样有用。

可是不能就认为把剩余节约下来投入新资本和用那构成剩余的收入去提高工资以及劳动效率，是必然对社会同样有用的。因为我们已经承认，产业的发展要靠各项生产要素适当地增加比例。那么，如果有一种趋势使得新资本的增加比劳动效率的增加速度较快，这种现象从社会观点来看是浪费的。大批非生产性剩余的“节约”，正是产生这种浪费。因为，大量增加产业的资本结构，而 115
不相应地增加劳动效率，有两种有害的影响。第一，它打乱生产要素的配合，使劳动这一项生产力量落后于资本。第二，它刺激生产，超过为了对消费者供给成品所需要的速度，因而引起周期性的商品生产过剩，像在商业萧条时期那样。这是必然的结果，由于这种分配办法把提高工资劳动者的效率所需要的收入变成非生产性剩余。因为工资劳动者构成消费者的绝大多数，他们的消费必须提高，以便消纳产业系统中愈来愈大的力量所生产的愈来愈多的消费品。这就是说，在一个进步的社会里，从剩余产品中所取得的收入，只有有限的一部分投进新资本是有益的，其余的部分需要用来提高一般的消费量，从而充分使用这种分配办法所产生的这批新资本和新的劳动能力。“非生产性剩余”的积累所带来的主要浪费，是造成过多的新资本。各种设备增加得那么快，为了要运用这
一套装备过量的产业系统，很快就引起商品过剩，结果物价下跌，
116 生产停滞，这种情形一直继续到过剩的商品逐渐销售掉，商业复苏
为止；接管那恶性循环周而复始，仍然是消费不足、节约过剩、生产过剩，结果又发生萧条。

第七章　工资 117

劳动，在关于它出卖的情况方面，和其他生产要素的地位大不相同，以致常常有人提出单独的一种工资法则。然而这样做法是没有什么理由的。因为劳动的价格，和其他要素的价格一样，决定于成本以及那影响供求关系的稀少性。（供给是在一定时期内按照时价——或者物主愿意接受的价格——出售的物品的数量；需求是在一定时期内按照时价——或者买主愿意接受的价格——买进的物品的数量。）可是，特殊的工资法则虽然没有，劳动的出卖却有它的特殊情况，值得单独讨论。劳动不像土地和资本，它不能跟
它的所有人的身体分开。当它的生产能力被使用时，这种使用需 118
要它的所有人亲身在场，并且通常使他的自由和生命受到某些影响，这些影响不容易或是不能适当地算在成本里面。生命或肢体在工作中可能遭遇的危险，在工资谈判时很少计算在内，同时工作的肮脏、病害或者不体面的性质对于工资高低也没有关系。工资劳动者不能像地主或者资本家那样，把他的生产要素囤积居奇一下，以便抬高价格。因为，第一，他在等待工作的时候通常没有办法维持生活。第二，即使他可能等待，也只是不仅浪费他自己这一段时期内的劳动力，而且，挨饿和空闲会损害他以后的劳动效率。雇主、资本家和地主能等待，因为他们有准备金可以供给生活，而

且，虽然他们在等待的时候也受一些临时的损失，可是他们通常能在恢复使用他们的土地或资本时，从他们所能实行的苛刻条件中取得补偿，同时他们的土地或资本的生产效率在暂时停止使用期内并不受到任何消耗或浪费的损失。

总而言之，大多数工人必须不断地出卖他们的劳动力，不管能
卖到什么价钱。但是劳动市场的自然条件还有另一点对卖方不利
119 的情况。他们的劳动力包含在许多分散的小个体内；资本通常是
大量地集中，由少数雇主掌握使用。所以出卖劳动力的人多，买的
人少。这显然对买方有利，他们彼此之间的竞争大概不像卖方那
么自由和连续不断。虽然工会主义的目的是用集体谈判来扭转这
天然的不利地位，它必须使劳动完全团结起来，超过雇主们以联合
行动所能达到的程度，方能成功。雇主们人数比较少，消息又比较
灵通，通常能够保持一种比劳方有力的组织，遇到发生争执时，他
们的后备力量更是大得多。再说，在工人比较占优势的地方，它那
种强有力的团结通常又会将本行业的大门把守得非常严紧，以致
别种劳动要作同样有力的团结就更加困难。这一点是我们接触到
劳动在分享“剩余产品”这个问题上的主要弱点。因为，我们已经
明白，这种剩余的分配决定于各项要素个别的稀少性。土地带有
一种天然的稀少性，只能部分地克服，并且克服起来有相当困难；
资本可以用有组织的计谋获得稀少性的地位；“才能”有一些天然
的也可能有一些人为的稀少性的力量；可是劳动天然是充裕的，还
120 没有表现出它有适当的力量，能够建立和保持供给的稀少性。

在某些美国城市的建筑业或运输业里，或者在某些人口稀少的新国家里剪羊毛工人或其他季节性工人当中，发现过少数地方

性的罕有的事例。那些地方的劳动联合起来，曾有一个短时期享受了供给不足的利益，像每个大城市里的土地所有者和组织严密的产业里的雇主们时刻所享受的一样。可是在大多数国家里，劳动的一般情况是供给过剩，通常总是卖的多、买的少。只有劳动这一种要素，它的供给一般地永远超过需求。虽然节制生育和改善工人组织肯定能帮助减少这种供给过剩，但是还不能消灭这种供给过剩。只要有任何过剩的供给，由于自由竞争的作用，它就必然会把工资拉下去，降到那种仅够维持生活的最低水平或是法律、舆论、习惯或人道主义所要求的那种略高一些的水平。因为，如果有 13 个人竞争 12 个位置，每个人竭力避免做那落选的一个，那就差
不多和 20 个人来竞争一样，一定会把劳动的价格压到一个最低限 121
度。因此，我们可以把劳动市场和出卖其他要素的市场之所以不同的一般情况，总结起来，扼要地说一句：劳动天然地比其他要素多，不及其他要素那样能用有组织的计谋来补救或抵消它的多。

我们既然了解清楚工资交易的性质，就不得不更仔细地研究个别工人对劳动问题的关系。在我们把劳动的价格作为一种“费用”的那种一般性的说法中，我们曾假定那价格最少必须能维持工人的普通健康和体力，并且让他能够维持一个家庭，到他自己年老不能工作的时候可以有人替补他的缺额。在一个进步的产业社会里，工资必须高于这种“损耗”费似的标准，要包括一部分费用准备刺激和维持更多的劳动能力，以便供给产业发展的需要。假如每个家庭都是差不多的大小，并且完全由一个工资劳动者赡养的话，也许还可能在这个基础上创立一种可以理解的学说。可是这些条件都不具备。工人阶级的家庭彼此大小不同，各家挣钱的人数也

不同。所谓生活或者效率工资，从产业系统和人道主义的立场来
122 说，意味着整个家庭的每周收入。然而，在那以一个人为对象的工
资交易中，没有任何条件可以保证家庭生活费。因为在交易里所
卖的是一定数量的生产能力。一单位这种能力所得的价钱相同，
不管那发出这种能力的人靠他的工资要养活 1 个妻子和 6 个子
女，或是只养活他本身 1 人，或是那个人的妻子和儿女也都在挣
钱。如果那工资足以维持第一种人的全部家庭，对第二种人就会
有多余，对第三种人的家庭所多余的数目更大。另一方面，如果工
资仅够维持独身的工人，那么靠工资维持一家生活的人显然就是
受着“血汗”待遇，不能维持他自己和一家人的效率。

不错，通过讨价还价，确有相当的趋势，要规定一种能够应付
工人的普通或是平均费用的工资。例如，对于大多数男工，工资一
定要适当地高于维持一个单身汉所需要的数目，否则结过婚需要
养家的人就不肯在那些行业里工作，劳动的供给就会不足。所以，
在大多数重要的金属工业或矿业地区，男工的工资比纺织业城市
123 里同等技术水平的工资总要高一些，在纺织业城市里女工和童工
的工作比较多，待遇也比较好。可是，虽然这样间接地有一些趋势
要使工资适合家庭生活的需要，其中的缺点还很多。一个年轻力
壮的兰开夏[①]工人，在未结婚时也许他的每周工资收入除了必要
费用以外还有多余，结了婚有了小孩以后他会时常感到那同样的
工资不够维持他们相当的生活水平，但是后来儿女们大了能够就
业的时候，他可能又感到他的工资足以应付他的需要。劳动要靠

① 兰开夏(Lancashire)：英格兰西北部一州名，著名的工业地区。——译者注

足够一家人生活的工资来维持，而工资交易只考虑工人个人所提供的劳动力，这一事实是工资问题的最大困难。计件或计时的那种典型的工资交易，从健全的经济观点来看，缺点更大。它不能保证工人个人有一种可以继续生活下去的每周工资，更不能保证家庭的全部或一部分有固定的生活来源。然而，从产业系统的观点来看，根本困难还是那后一种事实。

即使在家庭需要对规定工资有一些间接影响的地方，也只有
普通的家庭状况计算在内。工资制度不能考虑到许多例外情况， 124
譬如家庭人数特别多，家里有一个病弱的妻子或是几个多病的儿女，或者主要的工资劳动者死亡或丧失工作能力，因而维持一家生活的重担全部落在妻子身上。

最后说到的这一种情况提出了妇女的劳动买卖的特殊问题。劳动买卖的最困难的症结在女工身上比在男工身上影响更加严重。因为，男工工资的决定，一部分是根据一个模糊的原则，认为男人是家庭中唯一的或主要的生活来源，而妇女不是；这种观念对妇女劳动的价格就产生不利的影响。在大多数工作中，男人的报酬无论如何总比较大，因为他能提供较多的生产能力。可是认为男人养活别人而妇女不养活别人的这种假定，的确也起了作用，把男人的工资提得超过做同样工作的妇女的工资很多。假如没有这种假定，差别决不会那么大。一部分是由于它的关系，弄得男工工资一般要比女工工资高一倍左右，而不是只超过也许三分之一。

那种假定，换一个方式来说，就是每个妇女的生活总有一部分由某一个男人维持。这种假定对女工工资的影响非常不利，以致在大多数需要熟练的或不需要熟练的行业里，一个身体健壮的有

125 能力的女工人的普通工资，不够维持她单独的生活。这不是一个
什么技术性低的、不正规的家庭工业的问题，像做火柴盒或是做衬
衫这一类的工作。普通的女工工资，作为她唯一的收入来源来说，
是一种血汗工资。兰开夏郊外工厂里那种10先令或是12先令的
一般工资，不够维持一个单独生活的妇女的充分效率，也不够让她
有所准备，以便应付普通的意外。工资制度对许多不仅靠工资养
活本人而且需要养活一家的妇女，影响尤其残酷；因为讨价还价的
制度，可能把个别工人的计件工资或每周工资压得无限制地低于
生活点，她们首当其冲，受到充分的威胁。虽然这里不是讨论怎样
补救产业的弊病的地方，却可以指出：单靠用法律的或是团结互助
的行动，主张妇女和男子应该同工同酬，对于提高妇女的产业地位
或者工资，似乎不会有多大成就。因为，首先妇女和男子做同样工
作的职业就不多；再说，即使在她们做着同样或是差不多同样工作
的地方，通常正是因为她们的工资较低才获得雇用，假如由于法律
126 或者工会的压力，一定要妇女和男子的报酬相等，她们就会失业；
最后，如果我们从社会经济观点把工资看作维持费来说，既然大多
数妇女对于家庭的维持费不需要像男子负担那么多，那么让她们
所得的报酬和男子一样（即使工作相同），似乎也不是那么公平和
合宜。把劳动力单纯看作一种商品，对于男的卖户和女的卖户应
该给同样的价格，似乎是公平的。可是把它看作一个工人家庭维
持生活的手段，那主要的工资劳动者的报酬应该高，比较对那补助
性的工资劳动者给予同一标准的报酬，更加重要。只有在妇女的
经济活动越来越多，使她在家庭收入的来源上成了一个和男子同
样重要的因素时，才适宜于广泛实行同样的报酬标准。然而，这种

有条件地主张男子的报酬标准应该较高,并不抹杀许多妇女负担全部或大部分家庭生活的事实。这些许许多多的例外需要例外的处理,如果竞争的工资制度不能有适当的办法,就应该由国家供给,予以照顾。妇女由于体力的或生理的关系不能担任许多报酬高的工作,在她们可能担任工作的地方又经常是劳动过剩,逼得她
们只好跌价来和男子竞争以及自己互相竞争,这种实际情况不是 127
同工同酬的工资政策所能适当解决的;除非国家对失业妇女有一种救济,可以构成工资劳动者之间共同行动的基础。这种一般的平等原理的实行,可能使妇女的经济状况更加不利。

这可以说明,出卖土地和资本使用的代价必须足以充分维持这些要素,而出卖劳动所获得的代价却不一定能维持独身工人或者工人阶级家庭的生活。如果一般都是个别的讨价还价,以上所讲的那些经济力量可以无限制发挥,那么工资劳动者总的情况一定还要比现在坏得多。然而,也有相反的力量需要考虑。其中最重要的是雇主本身的真正利益。在许多行业里,雇主完全用他尽可能压低的工价去购买劳动力,并不真正合算。因为对本领、知识、责任心等有影响的某些品质,不可能从“血汗工资”所换来的劳
动中获得。工人的好感也能使一个企业进行得比较顺利,同时不 128
需要那么多的监督。人们由于认清这些显明的事实,曾把公私企业中一向应用在高级职员薪俸上的一项政策,在许多地方推广到比较高级的工资劳动者身上。这种政策有时候叫做“高工资经济”,它的理论根据是:如果你给一个人较高的报酬,就会得到他较多或是较好的工作。因为,由于高工资使他可能享受较高水平的物质和精神生活,他就能发出较多的劳动能力,而且他会愿意这样

出力，因为他认为企业的成败对他有切身关系。有时候这种额外工资是采用“奖金”或“分红”办法。额外工资总是有助于提高“家庭工资”，使它超过最低生活点，从而刺激劳动效率的增长。

有些人那样重视这种政策，竟然认为如果能使所有的雇主都充分认识它的意义，工资提高和工作时间减少就会普遍实行，劳资之间的一切冲突就会消灭。但是这种见解忽视了那政策所受的重要限制。因为在许多的实际情况中，“血汗工资”对于雇主在目前
129 还是比高工资较为有利。在大多数家庭工场和其他组织差的企业里，不雇用女工或者“生手”的男工，不实行血汗工资，就不能获利。就连在工厂制度下以及在许多管理处和零售店里，也有许多只拿到挨饿或是最低生活工资的职工，决不会因为工资增加就成比例地增加生产力。只要有许多无工可做的闲人等着替补那耗尽了或是用光了的劳动力，拿最低的市价雇用本领低的劳动力，往往是“好买卖”。再说，即使个别比较好的雇主有必要出较高的工资，知道日后会从增加的效率中获得补偿，那些比较贪婪的或是眼光不远的同行的竞争，却常常使他没法实行。

所以，这一因素虽然在提高熟练技工的工资和生活水平方面毫无疑问起了重要作用，但是不能靠它替一般劳动取得适当的累进效率工资。它的主要影响也许在于和舆论、工会行动以及有关
130 工业的立法合作，建立和保持工人阶级中许多不同的生活水平，大致相当于各种主要行业中所需要的技能和知识。

这些高级工资以及靠它们维持的那种生活水平的起因和理由，人们必须了解有些工作比其他的工作较为费力、讨厌、不体面或是危险，必须用较高的报酬来补偿这些缺点，似乎是很自然的

事。可是实际上很少能做到这样。因为,除非这些缺点的性质那么严重,以致普通工人绝对不来争取受雇,工资水平显然是不会提高的。大多数笨重、肮脏、讨厌、不卫生的工作所得的报酬最低,因为具有普通能力的技术性低的工人供过于求,他们顾不得考虑这些条件。只有在对体力的要求特别高的时候,例如码头工人和铸造厂工人,工作的费力才对工资有影响。工作的危险或对人格的损害,除非达到尖塔匠[①]或绞刑刽子手的程度,是不计算在内的。
然而这种说法却需要一点保留。尽管笨重、讨厌或者肮脏的工作 131
很少获得比较一般工作高得多的报酬,另一方面,轻松、容易和文雅这些条件也把工资抑低到一般水平以下,特别对于妇女是这样。普通办事员和店员的工资低微,一部分就是这个原因。只有家庭服务是一种范围很广的职业,其中私人感情对工资很有影响;这里用比较高的报酬来补偿那种卑躬屈膝和不能自主的损失。需要技能、知识和负责的行业里一般地工资标准比较高。没有疑问,这多少是由于考虑到上文已经提出的那个道理,就是一定水平的生活享受和保障,可以提高这种劳动的效率。然而更重要的一个原因却是能做这种工作的工人比较稀少。当工人阶级没有机会受普通教育的时候,有本领当办事员的人的工资就比较高;义务教育把这种工资拉低了,这并不是因为现代办事员所需要的本领和知识较少,而是因为有较多的青年男女可能取得这些资格。总而言之,技能、知识和其他个人品质,像某些工作附带的那种绝对缺点那样,
只有两种原因可能提高工资水平:或是由于必需一种较高的生活 132

① 一种攀登建筑物的尖顶或高烟囱从事修缮的工匠。——译者注

水平来产生所需要的体力或脑力，或是由于限制劳动市场上这种人才的数量。

工会主义的一项主要目的就是推动这两种趋势。工会主义者由于帮助维持各种熟练工人较高的生活水平，由于反抗恶劣的或不开明的雇主或商业萧条时期雇主组织抑低工资的压力，帮助维持劳动的状况，有利于产业发展。所有对加入行业以及对产量和机器使用方面的特殊限制，都以保持本行业中劳动的稀少性为目标，否则集体谈判就没有力量。这种政策的某些部分，就有关工人的当时利益来说，是眼光不远并且错误的，特别是在某些行业中反对使用节省劳动力的机器，在那些行业里，例如印刷业，生产成本的降低一定会很快地刺激需求，从而增加本行业里的就业总额。可是，即使在这里也必须考虑各个行业的情况。节约劳动力的机器和其他经济办法，就长期以及工人全体来说，虽然能提高工资而

133 不减少就业，不过在争逐利润的动机下采用这些办法的那种方式，却往往确实有害于一部分立刻受影响的特殊工人；尽管“长期”可能带来补偿，他们生活资源的拮据却使他用不得不尽可能保卫“短期”。有组织的工资劳动者反对方法上的迅急改变，也不仅从他们本身一部分的目前利益来说是有理由的。如果反对的力量逐渐放松，从广泛的社会经济观点来说也有理由。因为为了争逐利润而采取的那种迅急的大规模的改变，隐藏着广泛的对社会和产业的危险。工会只是缓和这些产业改革的速度，就这个范围来说，它不仅是为它本身的利益出力，而且附带地为社会的利益出力。

有关产业的法律，在各种行业里和不同程度上规定了劳动的时间和其他条件，有助于使得劳动的稀少性和劳动的组织在某些

行业里比较有力，因而有助于提高和维持我们所看到的那些不同的标准工资水平。假如没有工厂法，没有保护工人生命的条例，或
是没有区别年龄或性别的就业条例，就不会有那么强的刺激，足以 134
引起机器和方法上种种需要工人具备高级技能和品德的改善，高级的专业工人就不会有机会把他们自己组织起来。

我们这就明白，技术条件、立法和组织怎样结合在一起，消除了劳动生活水平普遍很低的现象，把它分成不同的等级，等级愈高的劳动获得的工资和生活标准也愈高。现代对工资问题的研究，决不能把劳动作为一个单独的市场，可以适用一种什么“工资铁则”或是其他简单的公式。

劳动有许多种类，各有它自己的市场和价格，正如我们所已经了解的土地和资本的使用有许多市场那样。虽然青年生手工人对职业可以作相当的选择，就大多数工人来说，在行业和地点方面，这种选择的机会是很有限的。那些低级的工作，只需要很低的技能和训练，彼此相近，因而我们可以讲什么城市里的“工人”，好像他们只有单独一个市场和一种价格：实际上也确是这种情况。妇女的工厂工作，除了需要技术最熟练的行业以外，也完全是这样。所需要的一点技能，大多数年轻妇女很容易学会，以致实际上只有
一个市场和一种价格。劳动的技术或是质量愈高，未完全成熟的 135
工资劳动者能有资格进入这种劳动市场的人数就愈少，向来做别种工作的工人也愈难转移到这里面来。所以，熟练的男工有许多很特殊的劳动市场，外面的人不能涌进去，因而不至于受到供给永远大量过剩的妨害。在这种情况下的工资劳动者，本身的知识和所得的报酬都比较高，就能够把他们自己组织起来谈判工作条件，

在力量上比低级工资劳动者的组织要强得多。因此他们能够把工资水平提得比较高，超过仅靠技术优越所能得到的程度。一个排字工人的工资所得也许平均比一个纺织工人高一倍，可是人们却不能因此就认为他所做的工作需要高一倍的本领。决定工资水平的主要原因是本行业里可用的劳动力的多寡，并不是所需要的本领的高低，后者的关系只以它影响前者的程度为限。正如在土地和资本的使用上那样，供给稀少是决定各种劳动价格的直接因素。劳动组织的主要目的，和资本的组织一样，是使业外的劳动不能轻
136 易地流入本业，并且限制本业内部的完全自由竞争，从而形成和保
持稀少性。

给各种行业造成许多种工资水平，当然不是说同一行业中所有的工人每周或每年将挣得同样数目的钱。正如生产较多的土地或资本获得较高的地租或利息，劳动方面通常也是同样的情况。在实行计件工资的地方，当然这是显而易见的。比较快或是比较好的工人每天或是每周的收入比较大，说明了他的产品比较多或者因为工作差错而被扣掉的钱比较少。既然一个较快或是较好的工人增加机器的出产，他常常也会在工资以外获得奖金，这种奖金完全是对于那较大产额的一种计量。这种个别工人收入上的差别，根据工作的具体情况变化很大。如果机器精密地固定速度，同时所雇用的全是那种能跟得上高速度机器的人，各人的收入差别就不会很大。可是如果速度主要地或是完全决定于个人的灵巧或是神经坚强，两个拿同样计件工资的工人，收入就常常会相差一倍。

137 这种个人收入的不同，相当于不同土地出于地力不同而所得

的地租不同，或是几笔数目同是100镑的资本由于投入好坏不同的用途而所得的利息不同。

各种产业中，在任何一定时间总有一部分劳动力，跟一部分土地和资本相同，照市价雇来使用，所得仅够成本。这种劳动、土地或资本，被称为在使用的“边际”。若干年前英国小麦价格跌到每夸特[①]30先令以下时，埃塞克斯和其他地方许多土质较次的麦田就停止耕种，到麦价回涨时才恢复种麦，因为这时候又值得把这些田地从牧场手里买回来了。所以在许多工厂里有些比较旧式的机器平时不用。可是遇到订货拥挤货价高涨时，再使用这些机器还是合算。大多数劳动市场里都有（虽然它们不维持）一种类似的后备劳动力，质量比平时使用的劳动力稍差，可是在业务兴旺时可以暂时使用。

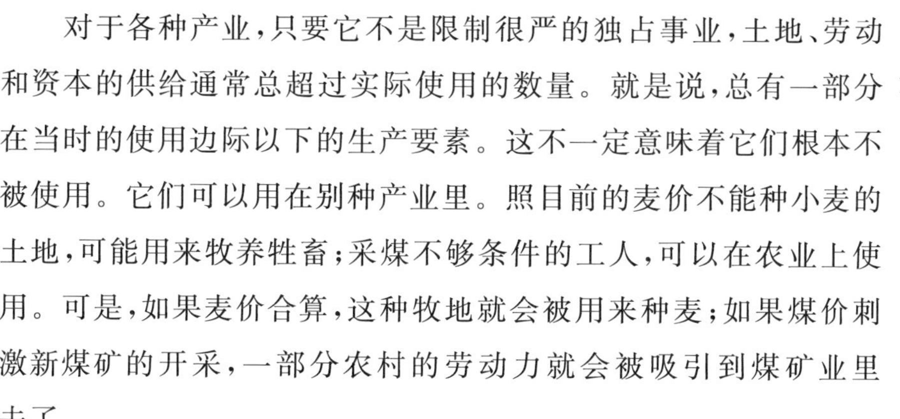

对于各种产业，只要它不是限制很严的独占事业，土地、劳动和资本的供给通常总超过实际使用的数量。就是说，总有一部分 138
在当时的使用边际以下的生产要素。这不一定意味着它们根本不被使用。它们可以用在别种产业里。照目前的麦价不能种小麦的土地，可能用来牧养牲畜；采煤不够条件的工人，可以在农业上使用。可是，如果麦价合算，这种牧地就会被用来种麦；如果煤价刺激新煤矿的开采，一部分农村的劳动力就会被吸引到煤矿业里去了。

因为较高的麦价或煤价使得人们值得利用那种生产力低于以前的最低标准的土地或劳动，并且出足了价钱从其他用途中吸取

① 夸特（Quartcr）：谷量名，等于蒲式耳（一加仑四分之一）。——译者注

必要的数量，假如空间的土地或劳动还不够的话。

所以我们必须了解，对于一切使用各种不同等级或质量的土地、资本和劳动的产业，总有一部分这些要素，因为质量不够好，按照目前的代价不能使用，以致或是闲着或是用在其他方面；可是如果本业的产品涨价，使用它们可以获利，就会把它们用到本业里
139 来。任何行业里的边际土地、劳动或资本，都是这样随着本行业获利的多少而转变。

生产要素中这种"边际"的上下移动，就是各行业为了满足本身发展需要而追加劳动、资本或土地的实际过程。当然，这样吸收进来的新土地或新资本，在被使用以后可能证明它的生产力和原来使用的土地或资本相等。它从前所以低于边际，所以不值得出那种代价加以使用的原因，常常是有某种初步的困难需要克服。因为有些边际以下的土地比较某些在使用中的土地肥沃，可是清除和准备工作却需要很多的费用。有些农业劳动力可能成为很好的矿业劳动力，可是需要花费时间和训练。因此，行业和行业之间以及企业和企业之间似乎互相竞争，不仅争取追加的生产要素，而且争取使用着的要素。实际上，产业系统通常就是通过这种竞争，竭力把适当数量的土地、资本、劳动和才能放在最有利的用途上。只要最有利的用途和最生产的用途相一致，并且只就这个范围来说，这种由竞争来安排生产要素的方式，可以取得最大限度的财富
140 生产。这就使人要考虑到企业家所起的作用，他们是为了追求利润，直接负责安排生产要素的人。

第八章　利润 141

直接从事于组织产业过程的企业家有时候被称为“资本家雇主”，因为他拥有或掌握企业里的资本，又雇用企业里所需的劳动。可是他在这里的论述中不是作为资本所有者，因为，虽然现代企业的主管人可能是全部或一部分资本的所有者，可是对于他作为企业家来说，这种所有权无关重要。实际上在组织庞大的股份企业里，掌握或管理具体业务的人员，往往是一些投资很少或者完全不投资的人。

典型的企业家雇用资本和雇佣劳动一样，按当时利率付给利
息。他的做法是用最低市价购买他所需要的劳动、资本和土地，组
织它们在生产过程中合作，然后出卖产品。卖得的价钱中除去他
的生产支出以外还剩有一个差额。这差额代表着他的经营才能所
得到的报酬。人们通常把这种报酬叫做他的“利润”，我们就用这 142
个名词来称谓他和其他企业家运用才能或精力所得的报酬。可是
我们要承认一般习惯用法已经使得这个名词的意义非常模糊并且
容易变动，以致在科学研究上用起来很有困难。首先，它容易和利
息混淆，因为在一种企业家自备资本的地方，他往往把这笔资本的
利息包括在净利里面。实际上，在私人企业的账册里，通常对这两
项不加区别。利润也可能包括资本冒险的代价，虽然按正常办法

这一部分应该作为保险费计算。再说,经理的薪俸、董事的办公费和花红应该是真正净利的一部分,但通常却不包括在内。最后,有些企业里募集资本的条件使得股东能分享有经验的管理所产生的或者营业碰到好机会时所产生的利益,在这种地方,一大部分利润被用了去提高股利。

然而,我们对名词使用上这些不规则的情况作了相当说明以后,就可以来考察那组织和管理产业过程的企业家以净利的形式
143 取得付过一切开支以后所剩下的差额。这种企业里的工作需要各种各样的精力和才能。他负责计划企业的规模和组织,决定使用什么设备,采用什么生产方法,以及需要多少的各种劳动力。然后他必须雇用所需要的资金和劳动力,组织它们在生产过程中合作,并且以有利的条件购买合用的原材料,以有利的市价把制成品卖出去。所有买进卖出和专门业务组织的进行、工人的管理以及会计和财务,都需要聪明、知识,勇气、勤劳和沉着,这些都是优秀企业家所必需具备的优点。在关系到别人的大量钱财的地方,诚实和高度的责任感是企业家品格上的重要成分。然而,大部分的这种工作只需要普通的才干,这种才干在一般教育机会普及的任何文明国家里相当的多。因此一种主要行业里的一个工厂经理,通常可以从许多够条件的应征人当中选用,他所得的薪俸,比较待遇最好的体力劳动工作中的工头或是熟练技工的工资,并不超过太多。

144 虽然这种普通管理工作也需要各种判断能力,这关涉到企业的成败,但这不过是属于常规的性质,和企业负责人所作的重大规划和决断,毕竟不同。

所以这种企业家是生产者(或是生产资料所有者)和消费者之间的桥梁。他的工作是安排和调度各种资本和劳动，使它们作最经济的合作；他的报酬(或是利润)是买进生产要素的成本和卖出产品所得的价款之间的差额。乍看起来，也许他好像只是一个中间商人，低价买进，高价卖出。可是即使在商业企业家里面，他们的谋利行为也很少只限于单纯的买进和卖出。因为商人组织分配，从不同的来源把各种货物收集得来，加以选择和整理，让零售商有数量比较大和种类比较多的选购对象；假如每一个零售商必须自己去找他需要进货的各种东西的生产者，决不可能有这样多的选择机会。有一种不起作用和多管闲事的中间人，硬把自己插
在两种生产者中间或插在生产者和消费者之间，那是例外；虽然许 145
多中间人确实把他们的大部分精力消耗在互相竞争上，而不是做好他们应该做的“组织市场”的工作。

可是一家制造厂的主管人，一条铁路或一座矿山的经理，所做的工作显然具有更大的生产作用。他买来的那些分散的零星的资本和劳动，只有聚集在一起的时候才能发挥充分的生产能力，整体的生产额高于个体单独的生产价值的总和。一个工人，例如一个木匠或是一个鞋匠，单独靠他自己或是单靠他自己所能支配的工具、原材料和市场，只能制成很少的产品；他只有被吸收到一家设备良好的企业里，在劳动分工和专门资本等一切有利条件下，他的能力和技巧才得发挥充分的生产作用。

那么，如果一个企业家能用一种相当于个体小生产力的价格买进劳动力，把它跟其他劳动力和资本一起使用，然后卖出那大大增加了的产品，他似乎在实际财富上获得很大的利益，可以作为他

的利润。

实际上这就是他所要做的工作，并且我们知道，有一种社会主义的理论，肯定说一切“剩余”都在于这种利益。可是有几点理由
146 使人不能完全接受这一种对“剩余”的解释。第一，企业家对他企业里所使用的资本也是同样地处理。一个典型的现代企业，需要他从许多不同的小资本的人(投资者)那里，收集许多零星的资本。这些小资本每一笔单独使用，远不及把它组织到企业机构里面去用的生产力大。这里也是一样，他似乎用一种相当于它单独的较小生产力的价格来买进，和其他要素配合起来，使它的生产力增高，把这番工作的全部收益或利润归他自己所得。

这样似乎有一种从资本上得来的剩余价值，相当于用贱价购买劳动力所得的剩余。确实如此，利润可以认为就是资本和劳动用在有组织的企业里面生产力较大和用在其他用途里生产力较小两者之间的差额。

如果一个企业家真能够把一个工人或是 100 镑资本“单独”生产的成果与作为企业组织里一个因素的生产成果之间的差额全部拿去的话，利润就会把所有的产业剩余完全吃尽。可是没有一个
147 企业家能取得这全部差额，因为他发现其他企业家也在追求同样的目的。这种竞争从两方面限制利润。第一个企业家来到小农民当中找人去工厂或矿山里工作，所出的工资只须略高于各个农民自己种地的收入，就可以雇到他们。他们劳动成果的总额一定会增加很大，他能够把这些成果作为利润，几乎全部独占。早期的“织布业”和其他工厂厂主，在他们开发一个从来没有工业的地方时，实际上曾得过这种利益。可是，当其他企业家进入同一区域，

他们的“剩余利润”就两头受到打击。因为我们的织布业不能再总是用略高于农业收入的价钱购买劳动力了，而是必须和若干抱着同一目的的其他企业家竞争出价。为了取得他所需要的劳动力，他所出的工资不仅要高于做农业工作的收入，而且必须略高于另一个工厂厂主可能给出农民的工资。换一句话说，如果他所需要的非熟练劳动的供给有限，同时又有许多企业家要来利用，它的价格就会上涨，结果使得工厂或矿山的业务费用增加。

适用于劳动的道理，多少也适用于资本和土地。企业家当中 148
第一个来的人，显然可以用比后来的人较为便宜的条件获得建筑工厂或开采矿物的土地，因为后来就有其他企业单位竞争最好的地基或是最有希望的矿区。这样，企业家彼此竞买生产要素，就会提高支出，因而压低利润。另一方面，由于同样的原因使工厂或矿山产品的售价降低，因而减少利润。在这方面又是第一个来的人比较有利。因为，只要市场上只有他一个人，他不仅能够低价买进他所需要的劳动力和其他要素，而且能够高价卖出他的产品。可是当其他企业家的竞争在他的产品市场以及劳动市场里发生了作用的时候，他那相当大的利润（就是生产要素的低价和产品的高价之间的差额）两面同时削减。如果竞争不仅起着作用并且剧烈了，他的利润就可能降到最低限度。

所以，纯粹从理论来讲，企业家以一种生产要素（企业才能）所
有者的身份，和任何其他要素所有者处于同样地位。稀少或独占 149
可能给他产生大量不劳而获的超额收入，充裕或竞争可能把他的“利润”减少到最低限度，仅够发动他使用他的企业才能。

事实上，同一行业里同一种组织工作所得的利润彼此不同的程度，比工资、利息或者薪俸彼此不同的程度大得多，似乎没有什么一般的说明可以适用。在某种行业里有些设备良好的企业能获得很高的利润，其他的一些却很低。普遍认为利润上的差别是由于指挥和管理的本领不同。如果两个制造企业、两个大旅馆、两个零售百货商店，都具备相当资本并在同样的客观条件下经营，一个成功而另一个失败，它们成绩不同的原因显然或是运气或是经营的本领。虽然在商业中运气的关系有时超过人们所想象的程度，但是普通却认为根本原因在于经营管理。毫无疑问这是一种符合实际的看法。可是，如果根据这种看法马上就认为企业才能的创造力产生了大批财富，应该归于企业家，作为他优越的智力和业务本领的报酬，那么就忽略了这种业务成功的全部条件。

150 拿一个对这种迷信个人才能的见解最有利的例证来说明：假设有两家地点同样好的旅馆或者商店，一家获得很高的利润，另一家仅能维持开支。管理的才能当然对结果的不同大有关系。这种才能从两方面发挥作用。那成功的企业一定组织得比较好，也就是说对资本和劳动的选择和调度比较好。可是人们想一想就能明白，虽然这种较好组织的开端也许由于经理个人的才能，但是它的作用却要靠各种职工全体合作的能力执行经理的命令。换一句话说，有一种从企业组织全体人员中发出的能力，协同取得业务上的成功。这不能予以抹杀，它不仅是成功的一个条件，而且是一种直接因素。业务成功的经理，凡是心地公正的，都承认他的成功一大部分是由于职工们的合作。再说，那旅馆或者商店的成功，在很大程度上是由于它已经有了一批特殊的顾客，他们认为可以在那儿买到他们在别处所不能买到的某种东西或是某种享受。这种优越

性往往是很细微的，往往不过是一个外表或者时髦问题，并非根据 151
什么实际的优点，然而能够使一个企业免于广泛的竞争，获得对市场的控制。

一个成功的企业的全部利润，除了其中一部分实际上是“才、能”的最低工资而外，其余的是一种稀少性地租或者剩余。和其他各种剩余一样，它是由于获得剩余的那项生产要素的供给有限，限制了自由竞争而产生的。现代产业的经营方式促成这种稀少性。因为，虽然各种天赋的可以有为的企业才能可能甚多，却只有一小部分人才能获得锻炼和使用的机会。许多有天赋才能的人遇不到识者，或是得不到有资本的人的信任，因而得不到他们要发挥才能所必需的资本，或是他们没法获得或创造良好的企业机会来使用它。也许有无数的人天生适宜于做一个大轮船公司或者大银行的首脑，可是这种位置所需要的人却很有限。许多非常发达的事业里只有少数几家实际竞争的公司，这意味着许多有利的订单或合同并不真正经过精密的讨价还价。它们归于那些公司当中的这一
家或那一家，因为它对“那一类的业务”已经特别有名，或者就是几 152
家有资格承受这种工作的公司用联合或者协商的方法，限制竞争。因此很大一部分工作是在优越的条件下承做的，所产生的利润，大大地超过像同一条街上两家对抗的杂货店那样竞争所能得到的利益。

当然，严格竞争的公司少，不仅提高售价，而且抑低劳动和自由资本的价格。因为，如果有许多竞争剧烈的公司争取最好的人力供给，显然劳动能够得到较好的条件，胜于只有寥寥几家公司，而且他们的有利可图的形势又使得他们组织一个强有力的雇主协

会。对产业世界的广泛研究，将来也许会把各行业分为两类，一类是本行业中许多标准化的、业务相同的企业之间保持着严格的竞争，一类是每个企业从事于多少有些不同的工作，有一个多少由它自己控制的市场。两者都可能属于大资本家的企业范围，可是前一类通常的利润低，而后一类里面有许多企业一定能够获得很大的利润，即使在商业处于平常状态的时期。

大概在先进的工业国家里，例如英国和美国，越来越多的一份
153 “剩余”作为净利归于成功的“企业家”。这种说法大体上是对的，即使尽量扣除那些“失败”的“企业家”的损失。那总的“剩余”里面（我们叫它“非生产性剩余”，因为它超过运用生产要素所需要的诱力），企业才能所得的一部分，比土地或资本所得的一部分大得多。

要陈述这种说法的理由，必须作更详细的研究，在这里不可能做到；而且必须把许多隐蔽在利息和地租名下的也包括在利润名下。但这可以由经验来证明。有一些人家的财富显然在逐渐增多，大多数都是从“买卖”中赚来的。这是说，他们的财富的来源和内容是利润，不是地租或利息。这种财富的一部分可以合理地认为是才能的费用，是必要的报酬，靠它来发动和鼓励现代产业所需要的大量的各种企业本领。可是一大部分应该跟经济地租和剩余利息同样属于“非生产性剩余”之列。现代产业发展的一般趋势，
154 是对负责运用和指挥的那一类人，给予更大的重要性、更大的权力和更多的财富。作为单纯的“资本家”来说，虽然人数越来越多，拥有资本的数目越来越大，他们的重要性却相对地减少了。他们变成了投资者，尽管他们以利息形式取得总产品的一大部分，但他们甚至对他们自己的资本怎样使用，越来越不能控制，这种控制的权

力越来越落到董事和雇主的手里。

可是人们对于现代产业系统的了解一定很不完全，如果不特别研究一种特殊的“企业家”，就是那些通过金融跟全部产业组织发生关系的人。因为，正如普通的小资本家实际上受着他所投资的企业中的经理的支配，这些经理们也越来越多地成为大金融公司的附庸和代理人。

企业家本身不是新方法的发明者。史蒂文森、爱迪生、西门子[①]的那种才能属于不同的种类。这种才能，必须由企业家认为是需要的并接受过来，才真是产业力量。当然有些发明家也是企业家，因而能够在产业上利用他们的天才。不过这些是罕有的例外。企业家的才能不在于他能发明，而在于有其正确的眼光能看出别人的发明具有商业价值。实际上，在一个进步的时代里，这应该算是他的最重要的职能。他应该注意有利的新事物，不管它是一种新机器、新产品、新市场或是新的营业方法。他必须分别哪些是有利的、哪些是无利的，尽可能用最便宜的代价把有利的买下来，创造或采用一种企业组织使这些新东西得到具体的应用，然后经营这种企业或是把它卖给其他的企业家，他自己获得一笔利润。这些新东西大多数在产业上是有生产价值的，也是有利可图的。如果一种机械发明减低了制造或运输的成本，或是带来了生活上一种新的舒适品或便利品，利用了一项废品，或是开辟了新市场，

① 史蒂文森(Robert Stevenson,772—850)：英国著名灯塔建筑家，曾发明灯塔所用的闪光设备。——译者注

爱迪生(Thomss Edison,1847—1931)：美国发明家。——译者注

西门子(Sir Simena,1823—1883)：德国物理学家、发明家，后入英籍。——译者注

那发明家或一系列的发明家们以及在他们之间的企业家就是直接有助于世界财富的增加。然而，另一些对企业家同样有利的新事物，可能只有很少的生产价值或是完全没有生产价值。狡猾的广告方法，全靠摹仿名牌货物造出廉价的赝品，用巧妙的方法开办公司，虽然完全没有生产价值，但都有利可图。抢掉另一家商店的业
156 务，也许和创立一种新业务同样可以获利，这种竞争上的胜利虽然一般地意味着提供了好一些或是便宜一些的货色，有许多时候人们却并不认为它真有这种好处。

当企业如此利用一种有利的新东西时，这种利用或许一下子就获得成果，或许需要经过较长的经营过程。专门利用新发明来谋利的金融家创办或是改组一家公司，有时候立刻尽量取出这家公司预计将来可能获得的利润，他通过拿现金或是拿股票的方式达到他的目的，接着马上又把它“抛出”。有时候他把股票留在手里，准备收股利或是在证券交易所里买卖谋利。这一种企业家所起的作用在现代产业中发展得很快，一天比一天重要，一般财富中以“利润”形式归于他的一部分也越来越多。

在股份企业最发达的国家里，例如英国和美国，大概有四分之三的新资本流进股份公司，给金融组织家带来很大的利益。虽然这种利润往往很高，却不是完全不劳而获。因为在我们这种竞争
157 制度下，金融家是一种不可缺少的人物，产业系统的经济运转越来越依赖他恰当地实行他的主张。虽然他是为了“谋利”，他所做的工作却是指挥调度，把新生的产业力量安排到需要的地方，使产业系统发展。因为货币或是纸上价值（金融家似乎只和它们打交道）所起的作用，不仅把真正资本而且把劳动力和企业才能吸引到产

业岗位上去，使它们发挥作用。成立一个虚伪的橡胶公司，骗得投资者把自己的储蓄付托给金融骗子，由他们用来图谋私利，那是例外。金融家的正常工作是使货币储蓄具体地变成一条加拿大铁路上的蒸汽机和铁轨，一家电力公司的发电机，一家纺织公司的纺纱机和工厂建筑，以及从劳动的后备军中吸收相当数目的适当工人来和各种设备合作。

由于越来越多的重要行业都采取股份企业组织，一方面收集和支配资本和劳动的那一套机构也越来越复杂、范围越来越广，所 158
以金融调度的工作也变得更细致更重要。像摩根公司和罗斯柴尔德公司①这一类的企业组织，就是从事于引导庞大的新的产业力量流往世界各地，参加筑路、开发矿业和农业资源以及制造各种机器和设备。除了这种生产性的工作以外，同时也有许多妨害性或破坏性的工作，其中有些对金融家同样有利。可是我们决不可因为很难辨别对社会有用、无用或有害的工作，就怀疑金融在真正生产作用方面的极端重要性。在不同的社会产业制度下，这种工作大部分可能不需要做或者用别种方式去做，可是就现在的实际情况来说，金融家的工作有很大的价值，并且和其他工作一样，必须给予必要的报酬，让他把工作做好。

然而，这并不是说金融家所得的利润和他的服务就完全相当，或者那是足以引起他作出这种服务的最低限度。恰恰相反，没有

① 摩根公司(J. P. Morgan's)美国垄断资本家摩根(J. P. Morgan，1837—1893)创办的银行。——译者注

罗斯柴尔德公司(Rothschild's)英国垄断资本家罗斯柴尔德(P. S. Rothschild，1840—1915)创办的银行。——译者注

别种工作能比它更容易得到这种过分的报酬。因为这种金融服务
159 的性质常常不容许有效的竞争。发行债券或者把资金供给大公司,只能由少数几家大金融公司或集团承担;会压低利润的那种严格讨价还价的情况,很少存在。这种工作没有市价,完全是一个特殊机会和特殊条件问题。这种金融工作有许多是秘密地或半秘密地进行的,更便于取得过分报酬。因此,没有疑问,这一类企业的利润里面,所包含的非劳动收入或是不必要的收入部分,比其他任何一种利润都大。

本章以及前三章研究了土地、劳动、资本和才能各项要素应该从产业成果中取得的报酬以及取得这些报酬的方法,在这里可以把研究的结果适当地总结一下。各有关方面的共同利益,要求从获得的产品或是收入里面,作必要的准备,用来维持每种要素,以便继续进行生产过程。生产工作消耗了土地的地方或者其他自然能力时,必须尽可能加以恢复;对于土地决不可“放下”不问,任它消耗。对于房屋、机器和其他工具的消耗和损坏以及可能需要用
160 较好的设备来替代它们,必须有相当的准备。除了土地和资本方面这些折旧基金和保险基金而外,还必须在劳动力和才能的工资方面作好这种准备,以便维持各种生产性的人力,继续生产工作。这样,工资和薪俸的一部分就跟地租和利息不同,而应该跟“损耗”的准备列在一类。

为了保证现在这种产业系统的生存和继续运转,这些都是必要的支出。在一个原始的产业社会里,这些支出可能把产品用光,可是在现代的情况下,各生产要素的合作所出产的产品,大大地超

过单纯维持费用的需要。这种超额或是“剩余”可以通过适当的分配，用来滋养产业系统的成长；或是作为浪费性的过分报酬，归于任何有力量取得这种报酬的要素所有者。剩余里面也有很大一部分，以最低利息和利润以及累进效率工资形式，用来发动更多更好的各种资本、才能和劳动，以供给进步的产业社会的需要。国家也
需要并且获得同样的补助，作维持和发展的经费，这种国家收入也 161
是从公共事业所参与生产的产品中支取的。

全部产业产品(总收入)可以作有益的用途，供给生产要素的维持和适当发展。可是那全部剩余显然不一定就这样运用，实际上也不是。其中很多不是用作必要的维持或发展费用，而是成了超过这些需要的超额报酬。作为地租归于土地所有者，作为过高的股利归于资本家，作为过高的利润归于企业家，有时候作为过高的工资归于工人，都妨害产业的进步。它占去了一部分可能用来促进产业发展的财富，作为“非劳动收入”付给了某些人，他们不但不能因此增多他们个人发出的力量，而且因此有可能要减少或者不发出他们本来可以发出的生产能力。因为一切非生产性剩余都可能引起懒惰。

取得这种“非生产性剩余”的人不管是谁，不管他是土地所有
者还是资本、才能或劳动所有者，他们所用的方法都是一样：就是 162
造成那种要素的缺少，取得比他种要素所有者较高的报酬。天然的或是人为的独占性或稀少性，是各种过分报酬的根源。说某一种生产要素独有权力取得这种报酬，显然是错误的。地主、雇主或是资本家都没有这种独占的权利。有时这一方面有时那一方面发现或是弄得自己的要素“稀少”，因而获得一种相当的“优势”。在

人口稠密的国家里，土地所有者从上涨的地价以及农业和矿业地租里面取得很多的这种非生产性剩余，但是，如果容易从国外取得大量廉价的粮食和其他原料供给，他的优势就受到限制。在“受不到竞争的”产业里，某种天然的或是人为的有利条件使得一些资本家能够排斥“自由”资本，限制自由竞争，因而资本就可以凭这种“优势”取得高额股利，企业家就可以取得高额利润。既然这种不受竞争的情况以及它所带来的稀少性通常是企业家的天才、手腕、勤劳或者幸运造成的，这种产业的盈利里面理当列为利润的一部分比那列为利息的一部分大概是大得多。工会组织和有利的环境
163 结合起来偶然也能使某一类工资劳动者享有暂时的优势，让他们能够在工资里获得一些非生产性剩余。总而言之，这种不劳而获的非生产性剩余，是某一项生产要素由于天然的或人为的原因，在一种财富的生产过程中，和其他合作的要素比较起来，它最为缺少的结果。

第九章　交换和价格 164

现在我们已经能了解为什么在伦敦买一吨烧饭的煤的钱数和
买两条中等货的毯子、一只不列颠合金[①]茶壶、半打布衬衫或是四
十只面包的钱数相等。如果这些东西每一项的价钱都是一镑，那
是因为各种生产支出，在每一项东西的全部生产过程中付给各种
生产要素所有者的报酬，总数恰巧相等。那一镑价钱里面包含着
许许多多的在种田、开矿、制造、运输、分配工作中付给劳动、才能
以及资本和土地使用的零星代价，这些都是必需的要素，用来生产
那一吨煤、两条毯子、茶壶、衬衫和面包，并且把它们送到市场上
去。如果我们追踪每一样东西的生产过程，从最初阶段起，顺着原
材料所经历的各个过程来考察，就会看到支出总额逐步增多，最后 165
还得加上零售商的利润才完全构成那个数目。在任何一个阶段，
我们会发现那生产过程的全部开支包括用在各种必要的劳动、资
本、土地、才能方面的许多小支出，这些支出当中有些只包含最低
的或是"自由竞争"的费用，有些却带着若干"剩余"，表现某一项要
素的独占性或稀少性。卖价同是一镑的各种东西所包含的费用和
剩余的比例，彼此决不相同。买两条毯子的 20 先令里面也许只包

① 不列颠合金(Britannia)：锡、铜、锑的合金。——译者注

含4先令或是20%的剩余(不包含什么地租或者超额利润),另一方面买面包的20先令里面却可能含有8先令或是40%的剩余,因为麦田的地租、小麦的囤积者以及面粉厂或面包厂的联营都会使那最后的数字增大。我们必须特别研究每一种商品的历史,才可能说消费者所付的那最后价格里面有多少是"费用",多少是"剩余";或者再拿剩余来说,其中多少是生产性的,有助于产业的发展,多少是非生产性的,也就是浪费的或者有害的。

有时候有人认为"地租"和其他剩余不加入和增高商品的最后
166 价格,它们只是具有特别优越条件的土地或资本所有者所获得的额外报酬。可是我们的分析已经说明"剩余"是生产过程中所需要的某种土地、资本等要素因供给稀少而涨价的结果,这就解决了这种反对的意见。因为凡是生产能力的任何一种供给上有了天然的或是人为的稀少性的地方,那一项生产能力全部都会涨价,不管对它应用什么评价的标准。如果忽布田的供给少了,忽布的价格就会表现出这种缺少。某些忽布田比较另一些好以及最坏的忽布田的地租收入可能不多于种小麦的收入那些情况,并不影响忽布的"稀少"提高忽布价格这一事实。当然,所谓"级差地租",它衡量一英亩好田和一英亩坏田生产忽布的能力的差额,并不影响价格。为什么会这样呢?那种价格和一切价格一样,是对于一定数量的商品或服务的代价。如果某一英亩田所提供的这种生产力等于另一英亩的两倍,当然它以地租形式获得两倍的代价。这和那加入一单位忽布生产力的价格的"剩余"或是"稀少性"因素,没有关系。

167 或者,如果石油或钢轨属于一种联营或者其他商业协议所掌握,限制从事生产的油井或钢厂的数目,又限制石油或钢轨的市场供给，这种稀少性就会提高**一切**石油或**一切**钢轨的价格，即最坏的油井或效率最差的钢厂的产品和最好的油井或效率最高的钢厂的产品同样涨价。最坏的油井或钢厂所得的实际利润当然低于最好的油井或钢厂，不过那只是因为它们在某一个时期内出货的数量较少或是质量较差。

我们所研究过的各种剩余，即土地所有者、资本家、雇主等在天然物采掘业、制造业、运输业、商业、专门职业、金融业等任何一种生产过程中所获得的剩余，都增加消费者所买的商品的最后价格。

如果绝对的“自由竞争”普遍存在，并且一切生产要素同样充裕，一切价格就会同样稳定在最低限度上，一切物品和服务就会按照它们各自的“费用”来交换。我们的毯子、茶壶、衬衫、面包和煤，在减去所负担的剩余以后，每种卖价当然不再是一镑，而是减少到各种不同的较低售价。有些政治经济学的著作家创立一种理论，假定这种自由竞争和这种充分的流动性确实存在，然后再作一些保留，算是有“阻力”或是例外。可是，正如罗斯金所指出，这好像 168
研究人体解剖，从人体具有绝对弹性的假定出发，然后再替它实际上的无弹性作一个保留。“稀少性”和联营跟“充裕”和竞争同样是我们产业的实际情况中现实的和经常的特征。实际上，如果没有一种关于稀少性和剩余的学说，就不可能对整个系统的运行作任何可以理解的说明。

在我们关于“市场”和“变换”的解说中，这一点必须了解清楚。各种商品和服务的互相交换，是比照它们的生产支出或是“费用负担”的，而不是比照它们所包含的劳动时间量或者任何其他“自然”

生产费用的标准。

一种商品中无论哪个部分的价格(也就是生产支出)都是相同的。可是每一部分的成本却各不相同。在肥田里生产一夸特小麦的“费用”低于在瘠田里生产一夸特小麦的“费用”;在设备完善的工厂里生产1000吨钢的“费用”低于在设备不好的工厂里所生产
169 的。既然“费用”加剩余构成支出,那就是说支出和卖价里面所包含的剩余成分大小不同,在最好的一类企业(农场、工厂、矿山等等)里最大,在最坏的里面最小。如果有人研究所有为同一市场生产的麦田,他也许会发现有一种田地种小麦的收入仅够支出。这就是说,土地、劳动和资本合作在这种田里生产一夸特的小麦,必须购用较多的劳动和资本的生产能力,来弥补地力的不足。在这种田里生产一夸特小麦所花的支出和在好田里相等,可是其中一大部分作为“费用”,付了资本和劳动的报酬,一小部分作为“剩余”,归土地所得。

钢轨生产的情况也是如此。在这里,本行业中设备最坏的工厂相当于那土质最坏的麦田。在最坏的工厂里,每吨钢轨的价钱中大部分用作资本和劳动的维持费和损耗费,“利润”只能是最低的数目。实际上,那代表一吨的“支出”的卖价(算它30先令),完全耗费在这些必要的费用里,再没有剩余利息可以给投资者,没有利润可以给企业家。

可是,如果有些麦田的收获只够作为资本和劳动的报酬,没有
170 剩余的部分可付地租,那又怎么能说地租参加构成价格,增高物价呢?如果有些制造钢轨的机构仅能维持开支,不产生剩余利润,又怎么能说钢轨的生产支出和价格里有任何剩余成分呢?答案是,

一夸特小麦的平均生产支出所以高的原因，是由于好的麦田稀少，使土地所有者出卖“自然”地力时能索取高价，在劳动和资本的“费用”上又加上这种剩余。有些田地非常贫瘠，在小麦的生产中“自然”所出的力很少，差不多是完全靠了劳动和资本的力量，但这种事实并不影响上述论点。假如肥沃的土地很多，剩余（地租）一定很少，每夸特小麦的生产支出和价格一定会低得多。

这种好土地的稀少性使坏土地获得使用，在生产小麦的生产支出和价格里加上那么多的剩余，以致资本和劳动用在某些坏的土地上能够得到很厚的报酬。

同样地，设备良好的钢厂稀少，使得生产钢轨的平均生产支出增高，假如这种好厂很多的话，生产支出就不会这样大；少数几家设备较差的钢厂靠着这种稀少性所产生的高价，得以维持开支，继续存在。设备良好的工厂卖出钢轨可以获得高利，设备不好的厂仅仅够本。同样，设备良好的工厂由于好厂稀少而获得的剩余利润，表现在钢轨的高额生产支出和价格上，同时也是从它们里面抽取的；使得少数落后的工厂得以继续经营的，就是这样决定出来的价格。

这种说法的意思是，价格不是像人们有时候说的那样，决定于费用最大的一部分产品的生产费用，例如最坏的土地所产的小麦以及设备最差的工厂所造的钢轨。这种所谓“边际”土地和这些“边际”钢厂之所以能够值得经营，是由于好土地或者好钢厂的稀少，使得生产支出年价格里加上了一份代表着稀少性程度的剩余。只要发现一处广大的麦产丰饶的地区，这种增加生产支出和提高小麦价格的剩余或“地租”，大部分就将化为乌有，并且麦价降低以

后，那种坏的麦田就将停止使用。设立一批设备良好的钢厂，现有
172 钢厂的稀少性价值就会消失，利润和物价就会降低，那种设备差的
或是“边际”厂就不得不停办。

所以，生产支出和商品的售价不是决定于最坏的或是费用最高的企业，而是决定于普通标准的企业。在大多数主要的制造工业里，绝大部分的生产是由许多设备差不多相等的机构承担的。一种行业里所有的工厂差不多都会用最新的机器和方法，并且倾向于采取一种普通规模或组织形式。

在竞争的行业里，一个企业为了保持它的地位，必须在购买原材料、制造过程以及销售成品各方面，和它的竞争者享受同样的有利条件。例如，在主要的纺织工业或金属工业的各部门里，从竞争中出现一两种业务组织的规模和典型，比其他的效率较大并且较为经济，于是所有投进本业的新资本都流入那种组织形式，它们就可以作为有代表性的企业。这些担任本行业大部分生产工作的代表性企业里的生产支出，就决定商品的卖价。本行业里可能有少数几家企业享受着某种特殊利益，例如专利权、秘密的制造方法或是管理方法等，因而它们的产品比那种代表性企业的产品成本较
173 低或是质量较好。同时也可能有几家落后的企业，只用老式的机器或方法，苟延残喘，除非能够加以彻底改造革新，不久一定消失。可是这些少数特别好的和特别坏的企业大致不会影响生产支出和价格。那些代表性企业，它们的生产占本行业总产量也许90%以上，将支配价格。特别好的企业靠着这种价格可以兴旺，享受高额利润；特别坏的企业在这种价格下一定要亏损，不能继续存在。人们说某一种棉纱或棉布的生产费用若干，或者说钢轨、卷盖写字

台、酒瓶等可以按某种价格制造出来，那不是指该项行业里最好的和最发达的企业，也不是指那特别坏的只能勉强维持开支的企业，而是指那些只有普通效率的企业而言。

当然，有许多行业，它们的产品种类和制造过程是那样的不同，方法的变化是那样的细密和复杂，所以很难找出一个标准的典型。在化学制品、电器、汽车等工业里，就有许多种产品在一般市场里享受着特殊的市场，生产这些产品的企业在不断地改进和革新。虽然在这里也许不可能指出一种或是几种标准的企业典型， 174
事实却仍旧是那样，这一类商品的生产支出和售价将决定于代表性的企业，而不是决定于那些特殊的例外。化学制品、电灯、汽车的价格要根据一般设备良好的大规模企业的生产支出和竞争情况来决定。

即使在农业里，规模大小和经营方式多种多样，似乎变化无穷，但也适用这同样的原则。如果一个英国农场主告诉我们小麦价格低于每夸特 30 先令时种麦就不能获利，那么，他的意思是说一个相当规模的农场，使用现代机器，具备相当好的管理方法和劳动力，在普通的天时条件下，种出小麦来按这个价格出卖，他自己可以获得足够维持生活的利润。当然，有些享受特别有利条件的农场按这个麦价可以获得较多的边际剩余；另一些农场还会不能应付开支。那农场主说照某种麦价生产小麦够本或是不够本时，他心目中指的是那种具备普通规模、设备、劳动力和管理方法的农场，尽管他也许不能精确地说明他所说的这种普通农场究竟是怎样。如果讲到特种农业，例如果园、养鸡场等，企业的类型就区别 175
得更清楚，虽然很多的普通农场也附带供给那种产品。

只要资本和劳动能自由进入任何行业，为经营而竞争，这种竞争就会选择一种或是几种最好的典型企业，本行业里绝大部分的业务将落在它们手里，它们就决定普通的生产支出和市场上的卖价。如果这些行业里的竞争变成了联营、同业协议、赢利均分同盟，或是形成托拉斯，决定价格的仍旧是这些代表性企业，只要绝大部分供给仍旧掌握在它们手里。它们限制产量，就可以增高“生产支出”，包括一大笔剩余利润在里面。可是支配市场价格的确是它们，不是集团外面那些亏本的单独经营的企业。后者通常只好“接受”那“集团”所决定的价格，尽量凑合着应付。所以，美孚石油托拉斯提高油价或者棉纱托拉斯提高纱价时，集团以外的小生产者一般地也提高价格，决不冒险廉价供应。商业消息越来越快而正确，得到消息的生产者越来越多，于是生产规模和方法的标准化
176 越来越流行，竞争的企业不同于标准类型的越来越少。当然，特殊的才能和管理或某种特殊的专利权、原料或市场的便利，总还是使得某一种特殊企业或集团能从他们的代表性竞争者所决定的普通市价中吸取高额利润。

然而，这些特殊的企业如果充分利用它们的业务机会，会逐渐取得本行业里较多的业务。因为，他们和实力雄厚的同业联合起来，将逼得那些此较弱的同业服从他们的条件，不然就挤垮他们。他们用这种手段组成了强大的联营，有力量可以任意扩大或是缩减市场上整个供应以后，他们就能规定卖价，在成本上面附加很大一部分独占或是剩余成分。我们重复一遍，他们不需要把本行业的全部营业吸尽，就能握有这种权力。一个“托拉斯”生产全部供给的 50%或 60%，就足够控制产量和价格，如果外面的同业规模

既小又没有联合的话。市场的某些部分里即使发生降低价格的竞争，其他部分还是可能产生独占的情况。

这种托拉斯、联营和协议的经济起源和支柱是人们所熟悉的。
有时候它们的基础就在于能取得最好、最多或最便宜的原材料或 177
动力的供给。德比尔斯钻石托拉斯的基础就是这样，美国钢铁公司的大部分力量是在于拥有优越的矿层和煤。有时候铁路或其他交通机关让它们以比较低的运费把货物运到市场上去，低于它们的竞争者必须负担的运价，这就是美孚石油公司历史的起源。有时候享有国家优待或特别权利，例如减免捐税、政府订货、专卖权，是实力的主要源泉。许多地方服务事业的公司，例如煤气、自来水、电车、电灯等，也属于这一类。资本大、名誉好以及特殊知识丰富，有时候也使企业能够在本地或是更广泛的地区内取得市场的控制权。由于这种原因而享受厚利的企业当中，最显著的例子也许是英国目前的银行界。

很多人有一种想法，在资本主义时代，既然一个行业里的大企业在经济上总比小企业实力较厚并且获利较多，那么迟早整个行业总要归到几家巨头公司的手里，它们在一度你死我活的竞争以
后，将联合起来。因此人们认为在一切产业中竞争最后会终止，剩 178
下唯一的托拉斯或者联营组织来完全控制市场，可以任意向消费者规定价格。在许多产业里，现代企业生活的发展似乎证实这种见解。现代的制造和运输机构以及现代的信用制度，已经使得许多行业里的小企业不可能存在，把整个行业交给了几家巨头公司。越来越多的行业似乎都走向这条路线，在主要的制造业、运输、采矿、商业和金融各方面都是这样。

虽然如此，可是这样的概括却根据不足。一大部分的行业并不表现这种集中的趋势。甚至在纺织工业和金属工业里也有许多的小企业继续存在。其中有些确实只是半独立，多少总跟大企业有些密切关系，大企业需要的次要的东西由它们供给。可是在每一种大产业范围内都有许多小企业真正独立存在，它们在家里或是小型工场里工作，不用价钱昂贵的机器和动力。这种营业所以能存在，主要是人类天性有许多根本不一样的地方。有些需求是由于个人需要、个人嗜好或是个人兴趣而起，在这种地方大企业的
179 经济常规不能适合。高级成衣业就没有那种趋势，会发展到超过一位能干的经理能够亲自严密管理的规模。在一切奢侈品行业里，向来有各式各样的需求，必须适合个人嗜好和兴趣，这里就会有小型的营业。修理工作成为许多工匠的生活来源，例如鞋匠、木匠、铁匠，尽管原物的制造已经归于大企业。农业、矿业和运输业里有许多种工作用小规模来做，可以做得最好并且最有利。小农因为有许多用途还能立足。在零售业里，虽然巨型商店已经占据了很大的势力范围，高级用品商店以及在当地供应次要物品和鲜货的店铺仍旧广泛地存在。

再说，即使在大规模生产经济占优势的地方，也不是说规模大的利益就没有限制。一个大企业的生产成本能够比一个小企业的低，因而能够低价出卖和它竞争，可是那并不是说一个更大的企业就能用这种方法打垮那个大企业。即使在资本大小最关重要的那种产业里，也有一种最大限度的类型，超过限度就有损害。当一个
180 企业的规模和复杂性超过一定程度时，为了调整和配合各部分的工作，在中央管理方面就会有一种浪费，和单纯的大规模经济的好

处比起来，显然是得不偿失。一个制造企业发展到相当的规模，能够在购买原材料、组织劳动力、出售产品以及取得贷款等方面，都享受最好的条件；到了这种程度以后如果再把规模扩大，就会削弱它的力量，减少它的利润。这种真正最大效率的规模在不同行业中差别很大。在某些行业里，一个巨大的企业在发展过程中并吞了它的竞争者，独霸市场，成了垄断者以后，才算达到那种规模。但这种行业却是例外，甚至在那些用保护关税隔离本国市场来便利它们发展的国家里也只是例外。单靠规模大，没有自然的或法律的条件帮忙，很少能使一个企业取得独占的地位，可以任意对消费者规定价格。

在现代产业中消费者可能遇到的真正危险，倒是几家大企业之间停止或者减少竞争，而不是一种完全的独占。大规模生产的经济很少把市场完全交给单独一个企业，可是它常常把有效的竞
争者减少到一种相当的数目，使它们能够利用协议来控制产量，规 181
定高价，给它们产生高额剩余利润。关于同行业中一些大公司怎样联营和协议的方法，许多试验在不断地进行，它们目前对广大消费者的威胁也许比任何“托拉斯”统治的威胁更大。例如英国和美国的金属和机器制造行业里关于规定卖价的协议非常之多，另一方面轮船和铁路、保险和银行等行业里各家公司不断地组织“联营”、“协议会”或是其他协会，从事于规定服务和价格。在现代产业中人们到处可以看到，联营和竞争是同样现实的一种势力，并且差不多同样普遍地存在。既然这些各式各样的联营的主要动机和意义是取得“剩余”利润，人们研究市场价格或者各种商品和服务的交换比率时，就显然不能忽视这些剩余所包含的额外负担。

商店里准备出卖的各种存货的历史，如果彻底研究一下，就会说明在它们被处理的各个阶段，它们累积的费用里面包含着一部分一部分的非生产性剩余，这些剩余在某一个以前的阶段里加入了市场价格，递传到以后的各个阶段再添上新增加的部分，结果在
182 最后的零售店价格里费用和剩余混合在一起分辨不清，这两种成分的比例在所有的各种商品里彼此不同。

第十章　需求和供给 183

把产业系统看作一种生产财富的机构，自然会使得我们发现那财富的起源在于原材料。原材料经过各种生产过程，从加在它们身上的工作中获得价值或重要性，直到作为成品离开机器卖到消费者手里为止。它们所包含的越来越多的工作量表现在商品逐步接近完成时生产支出和价格不断地增长，这些支出包括各个生产阶段中加进来的一切费用和剩余。

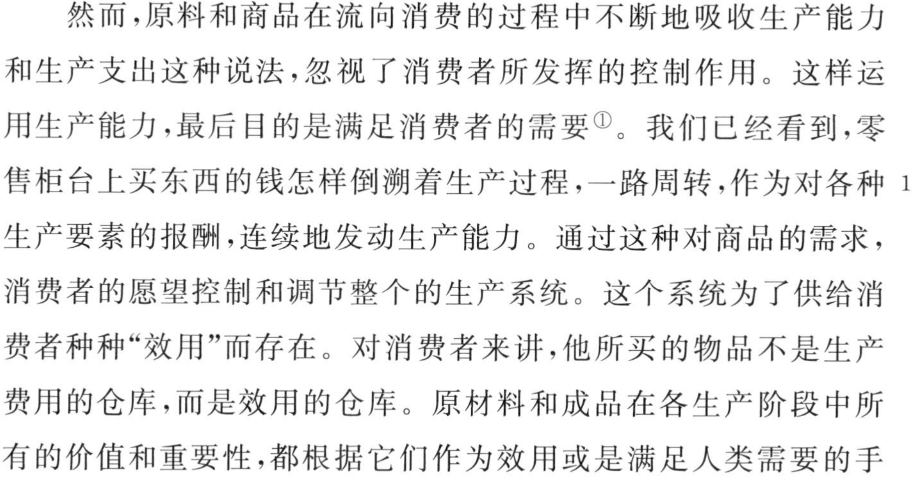

然而，原料和商品在流向消费的过程中不断地吸收生产能力和生产支出这种说法，忽视了消费者所发挥的控制作用。这样运用生产能力，最后目的是满足消费者的需要[①]。我们已经看到，零
售柜台上买东西的钱怎样倒溯着生产过程，一路周转，作为对各种 184
生产要素的报酬，连续地发动生产能力。通过这种对商品的需求，消费者的愿望控制和调节整个的生产系统。这个系统为了供给消费者种种“效用”而存在。对消费者来讲，他所买的物品不是生产费用的仓库，而是效用的仓库。原材料和成品在各生产阶段中所有的价值和重要性，都根据它们作为效用或是满足人类需要的手

---

①　这一般性的真理，和大多数其他真理一样，需要加以限制。某些生产活动却是为本身而进行的。——原注

段所起的最终作用。机器和其他生产工具,也由于它们参与生产消费品的关系,同样地具有效用。从这个观点来看,整个产业系统可以认为是配备了许许多多的物品和工具,包含着不同种类和各种数量的效用。

这里我们所说的效用不是一件东西的内在的价值,不是罗斯金所讲的那种“价值”,即在消费时所产生的真正必须的服务。效用只是计量消费者心目中各种物品所产生的实际的当时的满足,而不是消费者在了解自己的真正利益时“应该”归功于它们的满
185 足。因此,为了我们现在科学研究的需要,价值一镑的纯威士忌酒必须认为是和价值一镑的面包或者“好书”具有等量的效用。真正在活动的是实际的欲望。可是只靠一个想获得“效用”和那包含效用的物品的欲望,是没有效果的。要使得欲望“有效”,必须通过购买力表现出来。穷人想要某些东西,而他们微薄的收入却买不起;这种不能满足的需要和欲望没有经济的意义,虽然它们具有社会的意义。只有通过实际收入的使用表现出来的那种效用,才可以作数。所以,个人的和集体的收入的使用,可以认为是产业系统的终极的支配者。

我们在对企业的分析里曾得出这样一个结论:企业家组织各种行业和企业,他们的动机是追求利润。现在我们必须了解,这些组织家和管理家本身就是广大消费者的工具或是代理人。因为,企业家虽然由于需要资本和劳动,决定这些生产力量有多少用在这个或那个行业里,可是他们本身必须服从市场的情况,必须推测他们能以有利的价格销售多少产品。因此,真正决定各种产业能
186 力怎样在各种行业里运用的,最后还是实际的和预料的顾客的

需求。

所以，产业情况的稳定或不稳定，主要是受消费者的愿望的影响，这种愿望通过对商品的需求发挥作用。各种行业的规模大小不同，它们使用的生产力量多寡不同，这里面的主要原因，我们必须从消费者各种“需求”的迫切性和重要性上面去找。

要了解消费者的控制，最简单的方法是从一种“一人制”开始，先拿鲁滨孙那种情况来说。他得靠自己的力量供给自己的一切需要，这样的一个人应该怎样安排他的时间呢？他的主要需要是食物、衣服、一所小房子、一些工具和武器。如果气候还好，最低限度的食物将成为他一切需要中最迫切的一项。让我们假设他打猎和烧煮食物，每天平均两小时的工作可以取得那必需的数量。如果他要吃的东西数量多一些或是种类多一些，不满足于只靠摘水果和打猎，而愿意耕一块地来种农作物，那就需要每天工作三四小时。可是相当的衣服，虽然不如两小时工作所取得的食物需要迫切，却可能和第三小时所取得的食物有相等的价值，并且比第四小时所取得的食物价值更大。因此他对于在每天工作中怎样使用他 187
的第三和第四小时，必须比较衣服和食物的轻重缓急。他每天用一小时能够做成和修补最低限度的必要衣着，然而两小时就能使他在天气不好或是旧衣服损坏的时候另有一套可以更换。可是一所小房子差不多和第一套衣服同样重要，比第二套却更加重要。因此他可能决定只用第三小时来做衣服，而用第四小时来盖房子。但是盖成和保养一所真正宽敞的小房子，所需要的时间不止每天一小时。他是不是把他的第五小时也用在房子上呢？相当的工具和武器也有必要。这一部分时间是不是应该用在它们身上，还是

用两小时去盖了房子以后，第六小时才轮到它们呢？同时那为了
衣服和房子而延迟下来的额外的食物供给，可能在这里又需要注
意了。他在第五小时的使用上，显然必须衡量三方面的要求，整修
房子、制造斧头或是增加食物。当然，实际的问题比这个情况还要
复杂得多。会有几种食物互相竞争，要使用他的时间和精力。他
已经有了相当数量的水果以后，虽然还能再多吃一些水果，他也会
爱吃一点鱼和肉，因而去捕鱼和打猎。其他的需要也是这样，斧头
以外还有铲子、弓、槌，都很有用；它们也有权利占用他的时间。如
188 果他是一个粗心的人，他就会根据经济原则来处理这些不同的需
要，以便最好地使用他的工作时间。当他有足够的食物可以充饥
时，就不再继续去储备吃的东西，因为他虽然还可以多吃一些，但
穿衣的需要将使他感到更加迫切。一切其他的需要都是这样，他
会把它们互相比较，要做到从他一天的工作中获得最大限度的效
用。他对每一种工作，将尽可能做到某一个程度为止，因为再做下
去的收获他会觉得不如用这一份时间去做别种东西。对那第二种
东西，他将继续做到需要已经相当满足为止，这时候他觉得第三种
需要的初步满足比第二种需要的进一步满足较为迫切。只要他像
这样最有利地分配他的工作时间，人们将发现他用在食物上的最
后一刻钟，和他用在衣服、房子或是工具上的最后一刻钟，所得的
效用完全相等。因为，如果我们假定那用在食物上的最后一刻钟
所产生的效用，超过用在房子上的最后一刻钟，那就是一种时间使
用的浪费。他只要很清楚地考虑他自己的最大利益，就会安排他
189 各方面的时间使用，使得各方面的最后一部分成果所给他的效用
或满足彼此相等。

现在假定又有其他的人来到鲁滨孙的岛上住下，因而他能出租或是出卖合适的建筑地基，取得收入。有了这种收入，他现在满足自己的需要所用的办法是使别人生产各种物品，他向他们购买。他现在使用他的收入，正和他当初自己工作时使用他的工作时间一样。他不像从前那样用若干时间来取得食物、衣服、房子等各种必需品，而是用若干的钱去买。他把收入的一部分用在食物上，一部分用在衣服上，一部分用在房子上等。虽然他的第一部分食物是生活的第一需要，具有很高的效用，他所购买的最后一部分食物对他的重要性或效用，却和最后增加的一部分衣服、房子或任何其他东西相等。假设他每年用在面包上的钱是 10 镑，虽然第一个 5 镑所买的面包对他有极大的效用，那最后一镑所买的面包却很容易省掉，并且对他的效用和他用在衣服上的 10 镑中的最后一镑或用在雪茄烟上的 5 镑中的最后一镑价值的东西完全相等。只要他
用出他的收入是经过考虑的，他所买的最后一镑价值的面包、衣服 190
和雪茄烟一定对他有同样的重要性或效用；因为，如果我们假定他最后买的面包比最后买的雪茄烟含有较多的效用，那么他不多买面包少买雪茄烟，就是不合理和不经济的行动。

所以，只要一个人根据经济原则来使用他的收入，以便取得最大数量的效用，他所买的各种东西的最后或是用处最小的一部分对他所起的效用都是相等的。尽管他把每周所买的面包的整个重要性估计得比每周所买的茶叶高得多，茶叶的重要性比烟草高得多，可是他用在面包上的最后一先令却必须认为和用在茶叶或烟草上的最后一先令所给他的满足是相等的。

在这里适用于个人支出的道理，对那比较复杂的整个社会的

支出，也同样适用。一个社会里全部成员的总收入，一部分用来购买各种食物、衣服和其他主要的必需品或舒适品，一部分购买无害的或有害的奢侈品。虽然那用在食物和其他必需品上的前一半钱
191 所供给的效用，比用在奢侈品上的前一半钱高得多，可是那买来消费的最后或是用处最小的一部分面包、肉和其他“必需品”的效用，却仍然和任何奢侈品的最后一部分的效用相等。最后买的一部分面包假如能弄到穷人家里去就可能有很高的效用，那虽是事实，和这里可没有关系。实际卖出的最后一部分面包供应徒然增加富有人家仆役房间里的废物，它所发出的效用，决不超过这种人家餐厅里消耗的最后一盒雪茄烟或最后一瓶香槟酒。

因此，假如我们拿本国的实际收入，产业系统每年所供给的面包、鱼、肉、家禽、衣服、家具、房屋、珠宝等来说，我们应该发现在消费中每种东西的用处最小的一部分所产生的效用或满足都是相同的。我们有必要在每种东西的最后部分作这种比较，因为消费者在准备用出最后一部分钱的时候，总要比较和衡量他所想买的各种对象。那么，正如每个人购买若干种东西，它们的最后部分对他
192 具有相等的效用，因而从他的钱上取得最大的收获，个人的集合体也会这样做。

毫无疑问，有人会反对，认为各种阶级中收入的分配很不平均，因而在总的效用上一定发生很大的浪费。因为，构成富人开支中用处最小的一部分面包、衬衫、椅子和肉只发生最低的效用，假如它们能够被穷人买去消费，就可能发生很高的效用。可是这种批评，用来反对收入的分配固然极有理由，对于根据目前分配的实际情况而作出的效用分析，却不能减少它的正确性。在研究实际

消费者怎样通过对商品的需求控制产业时，必须认识清楚，每种东西最后部分的效用均等是调节产业的直接工具。

在个人或者社会方面，这种斟酌支出以便取得同等效用的过程，并没有什么奥妙。把钱或者力量用在最有利的地方，这完全是“经济”。每个儿童，在他有1先令可以用掉的时候，决定用2便士买巧克力糖、用3便士打枪、用6便士看电影以及用1便士买滑稽画报，就是实行这种比较工作，要取得相等的边际“满足”或“效用”。就大部分的支出来说，这种过程不需要思考，只要按照惯例 193
行事。如果一个人每年有500镑的收入，其中450镑的用途不会发生问题。可是关于那最后的50镑，究竟拿多少作假期的费用，多少作看戏、买书、订报刊的费用，多少作储蓄，将成为一个问题，需要一些仔细的打算或是个人的安排。两个同是500镑收入的人，他们对最后50镑的用法决不会相同；同一个人对这一部分钱的用法也不会连续两年完全相同。个人这样，整个社会也是这样。全国的收入，和个人的收入一样，由于必要或是由于习惯，大部分用于固定的某些支出，以便维持一种消费的标准。只有那最后一部分，或是任何增加的收入，才经过我们所说明的那种斟酌安排的过程。这使得收入的最后或“边际”部分在支配产业的变动方面有很大的意义和关系。一种新奢侈品的流行，某一个消费阶层中一种新嗜好的刺激，显然会引起资本和劳动流入那些供给这种东西的产业过程。富有阶级的大批“多余的”收入突然变成对汽车的需求，曾使大量的新资本和劳动力流入供给汽车的行业，造成虚假的繁荣，损害了马车业和一些其他奢侈品行业。社会各阶层中都有这种情况：新的消费品、音乐厅和溜冰场、廉价的再版书、罐头肉 194

品、香蕉、普通药品，起初作为偶然的需要，以后成为习惯，挤进工人阶级中某等人的开支里面，直接地或间接地影响供给这些东西的行业以及供给它们所替代的那些东西的行业。

人们可能因此要认为产业生命的支配力量，就在于这些嗜好或评价的变化，因为它们调节支出中的最后项目。作为经济变动的指标和工具，它们确有很大的意义。可是，把它们作为经济变动的特殊原因或者决定因素，却是一种错误。因为这样做就会忽略两个重要问题。我们说到对汽车的新需求时，曾假定这种需求发源于富有的消费者的一种新嗜好。可是新发明和生产的经济以较低的价格供给可靠的汽车，它们刺激了这种新需求，并且使它成为有效需求。凡是用在某一样东西上面的钱增加得又快又多的时候，大多数是生产的改进和生产的经济刺激了那增加的需求。总而言之，供给和需求的力量互相影响。大批便宜汽车的供给刺激

195 需求扩大，扩大的需求刺激更便宜和更多的供给。差不多一切经济变动都是这样。同样的经济打算，同样的连续不断的趋向平衡的调节作用，在生产方面和在消费方面同样地进行着。新的或是未使用的资本、劳动和才能经常地要流入一些行业，那里面需求最近有些增加，把利息、利润和工资提得略高于其他行业里的普通水平；这种流动继续下去，一直到那些被看中的行业里产品增多，价格降低，利润、利息和工资都恢复到普通水平为止。那些特殊行业里这样发生的供给的增加和价格的低落，将引起消费者需求更多的这些产品，并且把它们的使用范围扩充到广大消费者之中的其他等级，直到广大消费者所得的效用或满足达到一种新的平衡为止。那种变动和调整时刻进行着，在生产成本方面由于发明和改

进，在消费的效用方面由于嗜好的改变以及需要的增多或减少。

另一个问题也同样重要。如果我们注意许多用水管互相连接着的水柜，我们所看到的一切变动似乎都发生在水面上，通过水面 196 的升降表现出来。如果有一只柜里加了水，我们就会看到每只柜里的水面依次上升，最后又达到共同的水平。可是，为了观察和记录，虽然最好是把我们的注意力集中在水面上，假如因此就断定这些变动所以发生的原因和面上的一部分水有任何特别关系，那是错误的。因为很可能那第一只柜里所加的水不是从上面而是从下面加进去的，同时那些连接各个水柜使得水面上发生显著变动的水管全装在很低下的部位。所以在产业的变动里，直接的变动力的作用不一定发生在“边际”（产业能力中效率最小的部分或是消费者的最不迫切的需要），这在生产和消费两方面都是这样。产业方面一个行业或是一系列行业里全部代表性企业所采用的某种新的一般经济，例如燃料的节约或是废品的利用，由于提高全行业中利润的幅度，将调节新资本和劳动的分配，结果在自由竞争的基础上取得各种产业间利润的平衡。所以在广大社会的消费中，变动的最初动态可能不在于刺激或扩大某种正要风行一时的新嗜好， 197 而在于大部分消费者过去的消费标准有了某种改变，例如广大职工阶层对酒的嗜好普遍减弱，或是对于每年往海滨欢度假日这一类开支的评价普遍提高。

所以应该把边际上的变动、开支中效用最小的项目以及产业能力中利益最小的项目的调整，看作是表现变动的工具，而不是决定变动的原因。

最最重要的一点是，研究产业的人应该了解清楚产业艺术上以及消费者的嗜好或评价上的变动，怎样改变产业系统的结构。供给和需求两方面的这些势力在所谓“市场”里相遇，双方对立的趋势调和成为市场价格。市场价格是使得需求和供给相等的那个价格，就是它恰好使所有在市场上求售的物品都能找到买户。拿一个买卖公牛的牲口市场为例。为简单起见，我们将假设各有关
198 方面都知道所有出卖的公牛，大小和好坏完全相同。有些卖户急需现金，准备低价卖出，只要 5 镑以上就肯脱手。有些买户比别人有钱，并且比较急于要买，于是宁愿出到每头 12 镑的高价，而怕买不到。现在我们按照在各种价格上愿买和愿卖的人数，表明市场的情况如下：

价格	卖户人数	买户人数
5 镑	2	12
6 镑	3	12
7 镑	4	10
8 镑	6	8
9 镑	7	7
10 镑	9	6
11 镑	12	4
12 镑	12	3

如果最初的出价是 5 镑，卖户肯照这个价格出卖的只有 2 头牛，可是愿买的人有 12 个，必要时都愿意多出一些钱。显然市价不能停留在 5 镑上，因为按照这个价格就会有 10 个愿买的人买不到牛，为了避免买不到，一定要出价 5 镑以上。他们第一步会出价 6 镑。可是按照这个价格，只有 3 头牛出卖，而有 12 个人愿买。

这些人还在竞争出价，一定会使价格再涨上去。涨到 7 镑和 8 镑 199
时，同样的困难仍旧存在。虽然出卖的牛和愿买的人数目已经比较接近，但是只要买户比牛数多一个，他怕自己落空，就会跟别人竞争，结果抬高价格。当这一个多余的买户像这样把价格抬到 9 镑时，就有 7 个卖户和 7 个买户，也就是说供求相等了。价格还能再上涨吗？不能，因为照 10 镑的价格就会有 9 个卖户而只有 6 个买户，多余的卖户的竞争一定会把价格压低到 9 镑，正如多余的买户把它抬高到 9 镑一样。我们可以看出 9 镑是唯一可能的市价，因为只有在这个价格上愿卖的和愿买的人数相等。只要供给超过需求，价格就下降；只要需求超过供给，价格就上涨。市场价格是“供求相等”点。

凡是用讨价还价的方法进行买卖的市场，都是这样。在买卖
连续不断的地方，例如小麦、棉花等产品，证券和股票或面包、鱼、 200
皮鞋、煤以及其他物品的大多数批发和零售市场里，决定价格的不是一个固定数量的供给和需求，而是供求的比率。无论什么时候，伦敦的小麦市价（算它每夸特 25 先令）所以能决定下来，都是由于按照这个价格在玛克路愿意售出的小麦数量和面粉厂以及其他买户所买的小麦数量比率相等。在那种连续不断进行买卖的市场里，“供给和需求”应该认为是一个时期内的“流量”，而不是在一个特殊时间买卖的固定数量，像我们所讲的牲口市场那种例子。

人们说密德兰铁路公司股票的市价 65 很稳时，意思是说相当时期以来按这个价格出卖的股票和收买的股票始终数目相等。

价格变动总是意味着打破供求比率的平衡。

只要市场里的卖户集团能以经常这样的速度继续卖出货物，

他们不会减价，而且涨价也不能对他们有利。如果他们减低价格，那是因为买户买东西的速度低减，或者他们存货增多，想用减价来
201 提高需求，以此配合他们增加了的供给。如果他们提高价格，那是因为买户买东西的次数和数量比从前增多，买完他们的存货更快，或者他们发现按以前的价格补充存货有了困难。因此价格上涨的直接原因总是供给减少或需求增加；价格下跌的原因总是供给增加或需求减少。

每逢"供给和需求"之间的平衡被这样打乱的时候，价格继续上涨或下跌，直到两者又能相等，达到新的平衡为止。这种调整是一种自然趋势。因为，如果供给增加使得价格下跌，那跌价本身就会刺激买户的人数增多或者需求的速度增高。同样地，如果供给减少使得价格上涨，涨价本身将减少买户的人数。这种趋势发生作用的速度，对不同的商品快慢不同。有时候价格小涨或小落对需求就有很大的影响。这样的情况通常适用于那种并不满足什么强烈欲望的奢侈品，或者很容易有代替品的东西。在必需品或者
202 不容易有代替品的东西方面，价格小涨或小落也许不引起需求的增减。前一种情况，人们说是"需求的弹性"小，后一种情况"需求的弹性"大。酒税最近增加以后，酒价上涨使得酒的需求大为减少。小麦价格同样的上涨就不会使得面包的需求同样减少。就广大工人阶级来说，甚至完全不会减少。因为面包涨价可能使他们少买一些肉或者其他食品，以便能够维持生活必需品的消费。任何东西的价格涨落百分之十或二十，影响需求的程度，显然要决定于许多情况，而且对不同的社会阶级和不同的收入，影响也不同。

当物价变动是由于需求方面的影响时，对于供给方面也会产

生同样的影响。有时候日益增加的销售额能使商品的生产费用比以前节省，因而市价的上涨很少并且是暂时的，很快就会达到新的供求平衡，价格比以前更低。另一些时候，日益增加的销售额也许必须使价格大大地上涨，然后才刺激供给，例如为了创造所需要的 203
新供给必须使用较坏的土地或者较贵的劳动力那种情况。我们根据供给对于价格上涨的刺激是不是容易感应，说它是“有顺应性”或是“无顺应性”。

经济世界中所有这种影响价格的重要事故，都通过这“供求关系”的作用，发生效力。粮食歉收、新金矿的发现、战争、人口迅速的增加、减低电力成本的新发明、禁酒运动，都影响物价，有时是暂时的，有时是永久的。可是无论什么时候，影响的实现总是通过市场上供求关系的变动。

大多数市场的市价都可能由于种种暂时的和偶然的原因，发生许多小波动。可是在这些轻微的波动的后面或是下面，却可以找到生产或消费艺术方面比较重要的改变所引起的持久的大变动的踪迹。这种正常的或持久的价格变动的起因，是普通生产支出或者普通消费效用的增减，并且也通过它们表现出来。

生产支出的增减是由于(1)生产方法的改变影响了费用，或者 204
(2)生产支出上所附加的“剩余”增多或减少。

(1)生产方法的改变将包括(甲)机械、化学和其他科学所带来的产业艺术上的一切改进，这些改进正是产业革命的主要特征；(乙)企业组织的改进，生产和商业两方面的进步；(丙)工人在技术、体格、教育和品格各方面的提高。

(2)影响“剩余”成分的各种原因可以包括(甲)自然资源的发

现或开发，或者这种资源的消耗，在某些必要的生产过程中引起更大的稀少性和更多的剩余。(乙)流入某一个国家或某一种产业的资本增多或减少，因而减低或增高了生产支出。当然，影响这种资本流动的原因很多，例如收入的多寡和分配、财产的安全、深谋远虑、节俭以及其他影响储蓄和投资的条件等。(丙)流入各个国家和各个行业的劳动增多或减少，这种增减决定于人口增长的速度
205 以及消息和运输的便利，并且能影响分工和生产的劳动费用。

这一切影响生产支出的原因，将通过扩大或是限制供给，在价格上表现出来。有些原因属于普遍的性质，将影响一国或全世界的大多数产业，尽管影响的程度各有不同，例如发电方法的改进对于制造业或运输业影响。另一些原因属于特殊种类，只适用于某些行业，将提高或降低某些产品的生产支出并且影响它们和其他产品的交换比率。

以上这些是通过生产支出来影响供给的力量；另一方面，也有一些力量通过效用来影响需求。

(1)在消费艺术(各种形式的财富的利用)方面，经常发生着许许多多的变动。一种节约燃料的改良火炉、饮食上或衣服上的嗜好或习惯改变、对书籍或娱乐的兴趣增高以及无数的其他种种变动，结果会引起对各种商品的需求增多或减少。新的嗜好和新的欲望经常和旧的竞争并且代替它们，新的嗜好和欲望常常会引起消费和支出方面许多其他的改变。例如，酒的消费减少就可能减
206 少肉的消费，同时却提高牛奶产品和蔬菜食品的价值。

(2)除了这种嗜好和习惯方面的改变以外，单纯由于全国人民或一个阶级的收入增加或减少，也会改变用在各种产品上的支出

的比例。我们大部分工人的一般收入增长，表现在假日享受和娱乐方面的增加；一个"高税"阶级的大量增长，曾引起越来越多的对汽车和其他高价奢侈品的需求。

这些就是那在产业系统中到处发生作用的力量，它们通过供给和需求，引起价格的变动，这种变动经常在发生。

如果我们认为"消费者"凭他的需要和嗜好在产生、维持和支配这一整套庞大而精细的产业系统，我们将看到这消费者的意志通过需求在到处活动，第一需要物品，第二需要各种方法和工具，即达到他的目的的必要手段。

另一方面，如果我们采取企业家或是"生产者"的观点，我们就会把同一产业系统的结构和活动看作一条众川汇合的河流，集合
着土地、劳动和资本各项合作的生产要素所供给的原料和能力，在 207
各部门企业才能的指导下，向目标前进，产生许多能在市场上出卖的成品和服务。

208 第十一章　劳工运动和国家社会主义

俗话说一切进步在于消除浪费，这句话对于经济进步的艺术尤其适用。在现代历史上，社会经济改革占着非常显著的地位，各种改革的方法是否妥当，就可以用这句话作为检验的标准。人们特别可以看出，一方面劳工运动和另一方面国家的产业职能的扩大，实际上依赖“剩余”的存在。因此值得花费一些时间把这种依存关系解说清楚。

假如资本家、土地所有者和企业家手里没有非生产性剩余，劳工运动的正确性就差不多完全要看提高工资、缩短工作时间以及其他改良条件是否经济而定。因为，如果整个产业系统里雇主和
209 资本家的竞争到处都非常激烈并且经常那样，以致把利润、利息和其他业务报酬压低到最低限度，那么工人方面的任何共同行动，凡是会增加劳动这一项费用而不相应地增高劳动生产力的，显然对于产业中所有的合作者都会有损害。

换一句话说，劳工运动只限于高工资、短时间等能充分提高劳动效率而不致实际增加劳动费用的时候，才会成功。如果这个见解是对的，劳资之间的一切纠纷就是一方面或者两方面粗暴的愚蠢的行动。因为，如果较高的工资和改善的劳动条件必然会相应地提高劳动生产力，雇主们拒绝这种要求那就多么愚蠢和不人道啊！如果工会提出一种超过“高工资经济”范围的要求，使得雇主们接受要求就不能不毁害他们的企业，那也多么错误啊！

可是各种剩余大量存在，不需要用它们来维持其他生产要素，而被雇主们拿去享受奢华生活或是浪费，这就给了劳工运动一个合理的基础。如果工人们组织起来，在各人的行业里以及作为一个总的经济和政治团体组织起来，能够取得这种剩余的一部分，用来增加工资和休息时间，从而提高他们的生活水平和工作水平，那 210
就是把浪费变成了真正的财富。如果工会组织通过集体谈判，能够从减低地租、剩余利息和剩余利润中取得较高的工资，那对其他要素毫无损害，同时却对提高劳动效率大有帮助。

这就是集体谈判政策的主要目的。它的成功，和其他政策一样，全靠运用的时候有理解、有手腕并且有分寸。我们的分析指出了，可供分配的剩余在不同行业中数量相差很大。有时候产品的一大部分作为剩余利润或者超额利息去掉，或是在地租里付了出去。在自由竞争已经让位给雇主联营、某一个土地所有者、特许权所有者、专利人或者其他垄断者能够向产业勒索高额报酬的地方，就有这样的情况。其他行业所处的地位不同，雇主间的激烈竞争把利息和利润压到最低限度，土地所有者只能拿到比较少的地租。同一行业会一时呈现很大的剩余利润，一时又完全没有。

工会组织的战略应该是在产业系统中那些使用压力可以没有 211
损害的地方采取行动。不区别具体情况，只管要求提高工资、缩短工作时间或是其他必须增加工资支出的任何条件，结果一定对产业有害，这种损害很快就会影响到工人本身。因为，在尖锐的竞争把利润和利息压在最低限度的产业里，没有剩余可以用来提高工资，如果单凭组织的力量竟能得到较高的工资，那行业在两种不同的情况下都受到损害。如果由于国外或者其他外界的竞争，雇主们不能提高产品价格来应付增加了的生产支出，那行业就会衰亡，因为没有新资本再会流进来，现有资本的损耗没法补充。如果可能提高产品价格，那我们已经知道，涨价一定会使得需求缩减，这就引起劳动就业的减少，因而又必然损害劳工组织的实力。集体谈判，作为提高工资或者减少工作时间的手段，它们的正确性显然全靠在适当的时机向适当的对象提出要求，以便替工人们取得某种非生产性剩余的全部或一部分，这种剩余确系被其他和劳动合
212 作的某项要素所占有。想要侵占那发动其他生产要素充分被使用所必需的利息、利润或者别种收入，并不符合劳动的真正利益。可是在任何报酬超过这必要数目的地方，有组织的劳动要把这种剩余改作较高的工资，在经济上是有理由的。

工会组织要像这样取消剩余利息或利润来提高工资或者改善其他的劳动条件，是否能成功以及成功到什么程度，决定于工人组织和雇主组织两者力量的强弱。当强有力的劳工组织有效地限制了"自由"劳动的竞争时，它往往能够对那些竞争激烈的雇主们加以必要的压力，使他们牺牲剩余利息或利润来提高工资。可是雇主们已经组织起来对付这种压力，并且他们也限制"自由"资本侵入他们的行业的地方，他们通常就能够打破劳工组织的压力。因为，他们人数较少、财力较厚并且消息比较灵通，使得他们的组织在争执中比较有利。即使在熟练的和组织完善的劳动部门里，也
213 越来越看出工会组织，作为一种替工人取得应得的一分剩余财富的方法，还不够有力。再说，事实越来越明显，强有力的工会所必

须采取的那种限制“自由”劳动从外面流入的政策，正足以使得技术较低的工人更难组织他们的劳动市场，他们那里劳动力充斥，因为受到排挤，不能进入高级工作范围去就业。

对这些事实的认识，使得劳工运动走上了政治途径。在公民中占大多数的工人，倾向于利用国家补充工会以及其他私人方面的合作和慈善活动，来提高他们的工作和生活水平。虽然历史证明，国家一向被用来为任何获得政治控制权或势力的阶级谋取经济利益，正直的公民却始终反对像这样利用政治必然会引起的不公平和腐化，并且现在表示关切，唯恐工人阶级会不聪明地妨害私营企业和私有财产权，从而损害国家和产业。

“地主、工厂主以及其他工商阶层在过去曾利用政治达到他们 214
自己的目的，制定和执行法律、条约或税则，利用国家的外交和军事力量便利他们的营业，但工人们如果获得成功，却不应该根据这个理由就奉行同样的那种不正直的错误的政策，谋取他们阶级的利益。”这是反对意见。人们答复这种意见时，常常认为只要坚持两点就够了。第一，工人阶级确实构成选民的绝大多数，在一个承认多数统治的国家里，他们的意见和利益就可以认为是“人民”的意见和利益。第二，工人们要通过国家来实现的要求中，有许多或者大部分都是改变或取消原来控制国家的一班地主、资本家以及其他工商阶层所取得的法律特权或其他利益。

这两个答复虽然有相当力量，却不能驳倒经济方面的反对论调，即所谓工资劳动阶级也许会利用他们的政治权力，只顾目前，
提高工资，改善劳动条件，牺牲有产阶级，因而损伤产业系统和妨 215
碍财富的增长。

唯一有力的答复是证明劳工方面想通过国家力量来实现的种种要求，虽然根本动机是为了一个阶级的利益，最后却符合并且有助于社会全体的利益。要证明这一点，仅仅指出工人是一个比其他阶级大得多的最大阶级，是不够的。必须证明他们所主张的政策对产业组织最后没有损害。承认非生产性剩余的学说，无疑地支持了对劳工政策的这种看法。因为，只要它正确地认清目标，把非生产性剩余部分变成增加的工资和休息以及其他劳动条件的改善，劳工政策就有理由算是一种社会政策。它把非生产性剩余变成生产性剩余，有利于产业的健全和成长。把地租或是剩余利润拿来改善和丰富工资劳动者的生活，使他们自己和家庭能获得较多的文明生活的舒适和便利，享受较多的休息、娱乐和教育，对社会有双重利益。它增多从这一部分收入中所得的效用和满足，同
216 时由于提高劳动效率，又促进产业的发展。

合理的劳工政策对社会政策的贡献，最好用那争取“最低标准”的那一番努力来证明。无论我们想象中的社会进步究竟是什么样的形式或内容，它所要求的第一个必要条件是在经济上解决贫穷问题。这个问题的内容复杂，可以区别各种阶层。在最低层它表现为贫困。人们慢慢地可是肯定地越来越看出社会的安全需要消除贫困，因而国家才在许多问题上以同情的态度接触劳工运动。舆论到处要求预先采取措施，防止工资太低、工作过度、儿童没有人管、住处不卫生、疾病、意外事故、酗酒、失业、年老时的无依无靠、以充分的国家救济来替代那不充分的并且可耻的私人施舍。

为了这个目的，现代国家正逐步在公共卫生、教育、产业以及

救济事业等方面制订一系列的办法，一切根据两点假定：第一，工
人阶级中大部分人，单独地或是用私人互助方法，不能对于他们那
种经济境况中可能发生的伤害性的和不名誉的事故，作适当的准 217
备；第二，利用国家的力量帮助他们做成他们自己不能做的事，是一种合理的健全的社会政策。免费医院、老年抚恤金、比较充分的失业救济以及工资评议会，就是这种新的国家政策中几方面的实例。

值得注意的是，国家所有的这些服务，都是辅助或替代劳工运动中人们公认为有益的活动，并且在某些方面使得国家直接和那个运动合作。

可是勉强免于物质的贫困，还不够作为文明生活的基础。为了社会的利益，它所有的成员为社会做了工作以后所得的一种收入，应该使他们能维持本人和家庭充分的体力，获得一切合理的机会可以受到一般的和专门的教育，获得社交、娱乐和随意旅行的机会，这些都是一个良好的工人和公民所需要的。现代政治家看得很清楚，就绝大多数人来说，这些对社会有益的条件的全部或一部分，他们凭个别的或是集体的谈判都不能得到。在现代产业里，竞
争或是联营，都完全不能保证工人获得所需要的工作和生活水平。218
国家必须补充劳工政策力量不足的地方。它直接用两种方法这样去做。第一，它规定雇用条件，使它们对工人有利。澳大利亚试行的工资评议会是最先进的一个例子，这种政策在英国目前只限于在几种挑选出来的“血汗的”行业里实行。可是国家对工资的管理在这里不仅适用于越来越多的国家雇用人员，而且也适用于许多受国家订货影响的私营工业。这里所实行的政策就是肯定地认识

到，私人谈判不能取得有助于社会福利的劳动条件。许多现代工业立法，例如“工厂与工场条例”“雇主责任条例”“工厂工作时间条例”以及其他管理条例等，都是这种进一步保护劳工的政策的表现。树立一种符合我们现代文明的最低要求的雇工标准，需要一点一滴的努力。

这方面的立法，又获得国家在另一方面许多管理规则的辅助，那些规则是从工人的立场来考虑问题，目的在于改善他们的生活水平。在这一项目下，可以列入很多有关卫生的立法、禁止食品掺
219 假的条例以及其他防止有害的物品和服务的办法，同时义务教育或助学金以及各种文娱，包括图书馆、公园、浴室和其他使人身心愉快的事，都可以说是属于同一政策项下。所有这些各种公共事业的主要经济效果，是使工人们比较在完全没有人管的状态下，能更好地或是更经济地使用他们的收入，并且由国家供给他们某些服务，这种服务，如果不是国家负担费用，他们是不能得到的。从工人阶级的经济利益那个特别立场来看，国家这双套的活动在于从事利用国家的财力替那些阶级树立最低限度的健康、知识、娱乐、趣味、品格和行为标准，因为他们单靠出卖劳动力的收入，单靠自己的经济力量不能取得这些东西。那是一种细致的间接的工作，为了改正工资谈判方面不利的条件。

当然，这不过是一种片面的局部的对一个广泛的社会政策的看法。因为，这种国家工作和开支虽然有一部分是完全关系工人的，其中很大部分却具有更全面的社会意义。国家用在教育、文娱甚至卫生方面的钱，虽然贫穷的阶级也许得益最多，人们却有理由
220 认为这些事业的主要目的和用意不在于弥补一个阶级的缺陷，而

在于保护和改进整个社会。如果我们研究到国家的高级工作，例如高等教育、科学、文学和艺术的奖励以及交通运输或美化城市方面的支出，我们就看出社会政策和任何阶级的利益完全一致的地方，是越来越少了。

国家的这些工作，反穷困的、教育的和发展的工作，再加上那在大多数国家中消耗大量收入的国防事业，需要用掉越来越多的国家收入。这种收入的筹措，在行政艺术上占着越来越重要的地位。这种公共财政方法的主要困难是人们不完全了解国家在产业中所起的作用，因而不完全了解它应该取得一份收入的权利。所谓国家的存在只是为了保护个别公民的生命财产，因为它执行这个职务，所以它有权利按照每一个公民的财力大小或是他受到国家保护的利益多寡收取一份捐款，这种想法仍然支配着一般对于国家收入的概念。这种见解的影响是缩小国家活动的范围，并且 221
认为国家大部分收入的来源是没收或征用个别公民的财产。

现在国家收入的理论和实践慢慢地在摆脱这些错误的概念。一方面，我们看到大多数文明国家超过了那古老的保护性的职务范围，从事于各种大规模的建设工作，开发国家的经济和人力资源。另一方面，我们看到人们日益认识清楚，国家岁入是国家有权力取得的一种收入，因为那是国家服务的报酬。实际上，除了关于以普通方式从公有财产或公营企业方面得来的利润或地租那一部分岁入以外，这种理论还没有完全被人接受。公有土地、矿山或其他王室地产所收的地租，邮局和地方国营的自来水或电车事业的利润，显然是国家的收入，和任何私营公司同样赚来的收入地位相等。凡是国家或城市提供一种服务，向受益者收取代价的地方，不

222 管那代价是像邮局那样零收，或是用年费的方式整收，国家显然和其他企业一样，有同样的权利取得利润。

当然，国家可能滥用权利，所取的价格超过所卖的东西的价值。它通常是独占的地位，不容许或是限制着私营企业，因而往往可能滥用它的规定价格的权力。它举办的事业里面许多是供给生活必需品或者主要便利品的，例如交通、水、电。因此它能够强取在私营企业中的所谓剩余利润，增加国家收入。有些国家和城市实行这种财政政策，利用某些专卖，例如盐、火柴、烟草、酒，作为取得财政收入的手段。这种办法有时候受到反对，好像它是滥用权力，和工商界的托拉斯或者其他独占事业那种类似的高价勒索，完全一样。可是并不一样，因为有两点区别。国家专卖的剩余利润，虽不是用特殊服务换得的，却归于国家收入，是用在对社会有益的事业上；相反地，私营托拉斯的剩余利润只是增加私人所得的非生

223 产性剩余。再说，国家收取高价，也许不是单纯地为了财政收入，而是为了公共秩序，例如对于酒或是爆炸物。

可是，当国家专卖成为一种手段，取得比普通商业较高的利润时，就必须承认这种超额利润是征税性质，并且必须当作征税来替它辩护。因此，我们必须依据那认为征税是供给国家收入的主要手段的新概念，才可能了解国家对产业系统的关系。这种新概念的实地表现是区分劳动收入和非劳动收入，并且主张国家有权在非劳动收入中抽取一部分。实际上，每一个现代国家越来越重视私人收入和财产中所谓“不劳而获”的成分，要靠它来增加税收，完成一个进步国家的较多的现代任务。两种想法互相影响。看到有“大量不劳而获的”财富可以作为税源，使得现代国家能够并且有

勇气在教育、房屋、城市设计以及“社会改革”各方面举办新的建设
事业，这些事业都是以前认为财力上办不到的。另一方面，对一个
国家或是城市为了大众利益所能做并且应该做的工作，有了这种 224
比较高度的认识，也鼓励政府要更清楚地了解“不劳而获的”财富，
并且对它进行更严密的研究和检查。

政府本身的利益到处使他们想从“不劳而获的”收入和财产方面增加国家岁入。这种是最方便的财政办法，无论如何，在实行代议制政府的国家里是这样。在任何地方，人们都觉得并且看到对地租以及特许酒商和其他基本上不受竞争因而能控制产量和售价的企业所得的利润和红利征税，而不损害那有关的产业。

假如可能找出各种不劳而获的财富属于一个来源，像亨利·
乔治[①]的某些门徒那样，或是属于几个能明确肯定和计量的来源，
也许就可能实行一种相当简单的政策来取得这种财富。国有化或
是特别征税，这两种方法可以择一采用。第一种方法就是对所有
目前或将来有很大价值的土地，由国家机关取得所有权。这种国
有政策的有效实行，可能同时需要把铁路、矿山以及建筑物也归国 225
有和国营，因为它们和土地有这样密切的连带关系，会吸取土地的
价值。应该和这一起收归国有国营的，还有其他天然专利品，零售
酒业、银行和保险、电报、电话和其他交通运输工具、主要的市政服
务事业以及某些分配行业，那些行业里的私营商人很容易用联营
或掺假的诡计为害公众。这种有限的国家社会主义，虽然一部分

① 亨利·乔治（Henry George，1839—1897）：美国政治经济学家，主张专对地租征税。——译者注

是由于其他动机，例如要让广大消费者不受高价或是质量低劣的货物或服务的损害，但它的主要目的却是取得财政收入。它会从国有和国营专卖事业中增加国家的收入。

那另一种方法把土地、铁路以及其他产生“剩余”收入的工具
留归私人所有和使用，可是国家利用直接税取得它所需要的一份
剩余。经济学家都认为对土地的经济地租所征的税，不能转嫁，同
时这种税不但对土地的有益于社会的使用没有损害，而且可以运
用它来改进那种使用。适用于地租的道理，也适用于其他专利品
226 的价格。既然专利者规定他所卖的物品或者服务的租金或其他代
价时，通常总是选择他估计会给他产生最大收入的那种数字，他不
会在付税以后提高他的价格。因为那样做通常对他是不合算的。
征税可能刺激他在经营的方法上更讲求经济，如同它刺激土地所
有者把土地投入更有利的用途一样。征税不会引起他限制产量，
或是停止他一向所供给的个人服务。这种关于“专利品”征税的经
济理论，人们一般都接受。

可是这本书里所陈述的对产业过程的分析，指出了一种广泛
得多和复杂得多的适用范围。因为，如果剩余收入的来源不仅是
土地占有或者几种固定的“专卖”，而是许许多多的各种各样的情
况使得某种资本或者才能处于“有利地位”，因而获得“稀少性价
值”，那么国家可以通过征税取作收入的“剩余”，数量将大大地增
加。企业托拉斯、联营、赢亏同盟和价格协议的利润，由于囤积居
227 奇或操纵市场、关税保护、国家特许或其他辅助、新发明或优越的
企业组织、高额服务费或薪俸各种原因所得的利益，在不同程度上
都受到征税政策的控制。这些企业或专门职业的活动包含一定数

量的有益的个人才能这一事实，虽然增加征税政策的复杂性，但并不影响原则。它们所产生出来的收入包含稀少性价值成分，也就是不劳而获的成分；这种成分虽然和才能的必要工资或者最低限度的利息和利润不能直接分开，却是征税的合理对象。它们当中有些和城市土地或者酒类特许营业所产生的收入同样的多并且较为持久，有些却是偶然的并且时常变动。可是，它们确实构成很大一部分剩余收入，公共政策要求充分注意它们作为国家收入的一种来源。

然而，它们的复杂性以及计量的困难，使得从量征税的办法不
能适用。这种比较容易变动的“剩余”种类繁多，性质复杂，总数很
大，给所得税和遗产税的一般累进税率提供了真正的经济理由。
一切会影响真正生活费用或发展费用（也就是劳动的效率工资、最 228
低限度的利息和利润或其他对才能的报酬）的税，都是恶税。因为
它们损伤一种生产要素的实力，从而损害未来的财富生产，减少将
来可能供给国家收入的剩余。因此，一切征税应以“非生产性剩
余”为限，从这里面尽可能征取，让国家有益地用来维持和发展公
共事业。一般的所得税和遗产税，在大多数文明国家里所起的作
用越来越重要，是取得这种收入的最好的工具。这些税的累进税
率的根据是所谓“非生产性剩余”的多少和所得或财产的多少成正
比例，这很有理由。这种假设可以肯定认为是正当的。所得或财
产愈大，它通常包含的非生产性剩余就愈多，因此它能贡献给国家
的数目也愈大，而且并不损伤那领受这份所得的生产要素。

然而，“非劳动”收入常常是和“劳动”收入混在一起的，两者辨别的困难使国家不得不用一种试验的态度进行这方面的工作。国

家要从巨额收入中征取剩余时遭遇到严重的实际困难。隐蔽收入
229 往往是可能的，现代国际金融使得某种“剩余”可能而且容易逃避征税，它们在国外出现，假借名义伪装来到国内。商业上的“国际主义”日益普通，任何国家要在对现时收入的征税工作上进行得比其他国家特别快一定非常困难。一部分为了避免这些困难，可是大部分是因为遗产明明白白是继承人的“非劳动”所得，国家收入越来越有一种倾向要多靠遗产税而不靠增加所得税。

负责财政的政治家走上这些税收路线，大半由于财政上机会主义的驱使，而不是由于他们明白和接受了经济原理。可是那些了解现代国家必然会不断地需要增加岁入的人们，却特别应该懂得正当的税源和征税方法的理论基础。征税不是没收个别公民劳动所得的财产或收入，没收他们个人努力或才能的成果。征税是一种手段，通过这个手段，国家作为社会活动和社会需要的代表，行使它的权利，取得社会因为给了个别成员种种帮助而应该获得
230 的报酬。国家通过税收征取它的收入，同时，就它用钱得当的范围来说，这些收入是用来保卫、发展和改进它为社会所办的种种事业。

第十二章　国外贸易 231

150 年前在北美洲登陆的一队英国移民，进入安大略州[①]的极南部，在一条河流经过的肥沃的盆地里定居下来；他们沿着河流两岸筑起一丛丛的圆木小屋，很快发展成为一个人口稠密的繁荣的村落。比较好的牧地大多数在河的北面，并且附近的山里有一条溪水流下，使得在那面伐木比较方便。可是南面土地较肥，宜于种麦，对于水果和蔬菜也比较安全。两面都有一些在群山掩护之下条件特别好的土地，被某些移民看中，同时气候、土壤或地势等其他有利条件引起特种耕作以及有连带关系的工业。少数铁匠、木匠、鞋匠、织工、裁缝工，根据个人方便或者家庭关系，也在南面或北面住下。这个村落，远离其他居住地区，邻近有农人、伐木材的 232
人等，形成一个实际上自给自足的产业社会。河上有一座桥，人和货物可以随便往来，市场的安排使得土壤或地势的各项特别有利条件或是某些技工或生产者所有的任何特殊本领，都能充分利用，取得他个人的利益，同时有益于全体顾客，他们可以自由购买他所出卖的东西。这是在自由交换的基础上实行分工经济的一个简单的例子。对那些住在两面的村民来说，通过那座桥尽量进行密切

① 安大略州(Ontario)：加拿大南部州名。——译者注

接触和自由商业往来，显然是有利的。任何人如果建议把桥拆掉，或是对过桥的人和货物收取通行税，以便尽可能使两面各自供给自己的需要，一定会被人叫做疯子。

可是，美国独立战争建立了共和国以后，加拿大和新的美利坚合众国进行划界，经过村落的那条河作为界线。在政治上那村落
233 分割成两部分：住在北部的人仍然是加拿大公民，照旧遵守安大略州的法律，缴纳安大略州的租税；住在南部的人变成了美利坚合众国的公民。政治的划分可能逐渐影响那两种村民彼此之间的感情，减少社交来往。可是以往有益的那种分工和自由交换就会因此不那么有益吗？把桥拆掉或是对那过河求售的产品征税，就会因此不像从前那样有害吗？和从前一样，确实可以做到用河流作界线把经济社会一分为二。可是事情也同样明显，那么一来每一个有东西要出卖的人只有从前市场的一半，另一方面他要购买的东西在供给上也同样受到了限制。所有的村民仅和他们自己这一面的邻居交易，也许可能取得自己所需要的一切，可是他们显然不能再分享对面某些村民所有的有利的自然条件或者特殊技能，同时他们生产得比较好的东西在市场方面受到的新限制，也使他们
234 损失掉他们自己的产业成果的一部分。从前那种自由来往有了某种人为的障碍，每一个村民在买卖两方面显然都受损失。

政治上的划分并不影响真正的产业经济。从前在北面长大成人的男女青年，如果遇到南面出现的较好机会，完全可以自由地到南面去种地或者做一种行业，那是有利的。这种迁移的自由显然可以使整个地区获得更好的发展，对大家都有利。同样地，如果南面任何一个俭约的农人省下了一笔钱，并且看出最好用他的储蓄

在北面开设锯木厂，胜过在他自己这边做一件希望不那么好的买卖，若是有人阻止他使他不能把资本投入这种最有利的用途，那显然有害于全体村民的利益。因为，他的锯木厂供给价格较廉的木料，他们所得的好处，比他在他自己那边用任何其他方法运用资本对他们的好处大。在这种情况下，人们认为妨碍劳动或资本的自由流动和妨碍市场自由同样有害。任何一面或是两面的居民如果订立一种居住法，使日益增长的人口留在自己一面的范围以内，或
是禁止木料、机器或其他各种“资本”输出，或是用关税来禁止或妨 235
碍另一面生产得较好或成本较廉的物品输入，显然都是一种自杀政策。

如果北面的村民由于错误的爱国心采取这样一种闭关政策，他们可能损害南面的村民。可是对他们自己的损害似乎更大，因为收税、防止走私和执行整个保护政策的费用一定得由他们负担。然而，假设他们非常愚蠢，竟然实行这种经济的隔离，那南面的村民是不是需要效法这种闭关政策，报复他们所受的损害呢？为什么他们要阻止北面的资本进来开发他们这面的资源，或是阻止熟练的劳动过河来帮助北面的资本，从事于对他们有利的工作呢？为什么他们要不许自己这一面的村民取得北面的人仍旧想供给的较好或较廉的产品呢？仿效北面的坏榜样，徒然加重他们自己的公民以及别人的损失，并且使他们自己担负同样的执行闭关政策的费用。

只要那村落全部是在安大略州境内，所有的成员通过分工、市
场自由以及资本和劳动的流动完全自由，实行最充分的合作，显然 236
有助于整个村落以及各个部分的共同福利。实际情况可能是南面

的土壤和其他自然条件大体上比北面有利得多，以致青年劳动和新的储蓄主要流过去发展那一面并且在那里定居下来。可是留在北面的人显然并不因此就会境况更坏，而由于南面较好的资源得到充分开发，他们的境况也会更好一些；如果任何愚蠢的见解使得他们的新劳动力和新储蓄不过河去寻求比较有利的用途，受重大损失的正是他们自己。这种显而易见的经济原则，不是把一个小小的产业社会分裂为两个政治社会那种纯粹的政治事件所能推翻或是修改的。从前的好事业现在一定还是好，妨碍人和货物自由移动的任何政治原因，显然会损害事业。因为，假如限制人和货物自由移动，能使村落的任何一部分得到益处的话，那就同样可以说北面被流入大河的小溪所分成的两部分之间再设关卡，也会有益，无论如何对其中的一个部分有益，并且这种一分再分的政策也许
237 可以继续下去，最后弄得每一条街甚至每一户人家成为一个独立自足的单独的社会。

以上这个例证足以说明那简单而合理的国际工商关系的原则。那边境村落的两部分之间的关系，也就是它们分别所属的两国之间的关系，加拿大和美国。如果资本、劳动和产品的自由流动对被分开的一个村落的两面是有利的，对两国也是这样。对加拿大和美国适用的道理，对任何其他国家也适用，不管它们是不是边境相连。每一个国家尽可能和所有的其他国家自由交往，可以使它的居民得到好处，因为这样他们能获得最多的财富，最充分和最有效地利用他们所有的任何特别好的自然资源或者学来的本领，同时通过交换可以分享其他国家居民所有的同样的优越条件。

现代产业生活的主流包含着对这个真理越来越清楚的认识。

现代产业和财富上的巨大进步，可以说是由于资本、劳动和商品的流动性不断增加。一个地方的劳动和货物市场变成了包括较大地
区的市场；大工业城市对劳动力的吸收，扩大到全国范围；现代的 238
投资机构比较容易把资本带到全国的产业领域。可是流动的范围并不限于一个国家之内。数十年来最显著的特征是经济“国际主义”的发展，日益增长的各种力量把资本、劳动和商品在世界范围内到处输送，以便更充分地开发地球上的全部资源，把它们更有利地分配给地球上的居民。英国公民的新储蓄差不多有一半在其他国家里找到更有利的用途，法国、荷兰、德国以及其他先进工业国家的新资本，也同样有增加国外使用的趋势。这种资本大部分投入铁路和其他开发的事业，从而使南美洲和别处新开发的广大区域里的土地和人口便于利用，可以作为增加全世界粮食和原料供给的生产地区，同时作为工业制品的市场。很多资本也借给了外国政府或市政当局，并且在落后国家的根本需要得到满足以后，外国资本又流入它们国内的工商实业。跟着这资本的流动，劳动力也从人口比较稠密或是土地比较贫瘠的国家流入人口比较稀少或
是土地比较肥沃的国家。正如人们可以意料得到的，资本和劳动 239
一般是朝着同一方向流动，从欧洲各国向北美和南美的流动成为这种经济“国际主义”的最大的实例。同样重要的是，企业人才、工程师、银行家、商人、工厂经理、农场主这些人，相应地分布在各处的产业世界里，人数日益增多。共同的目的和结果，就公路、城市和主要工业的结构和设备来说，是全世界“标准化”，甚至把政府和企业生活方面有关诚实和效率的实践，提高到一个共同的水平。

国外贸易的实际增多以及它对每一个国家相对重要性的加

大，是这种“国际主义”的一种表现，和我们所讲的外国投资和移民有密切关系。虽然英国和少数几个大陆国家比其余的国家先进，全世界各国人民在他们要买卖东西方面却越来越互相依赖。每年流出国境到国外市场去找买主的货物，一年比一年增加。

240 除了普通的货物变换以外，我们提到过的资本流动也产生大量的进出口贸易。国外投资的资本以货物的形式输出，因为我们没有货币可以送出去，况且外国借款人所要的不是货币，而是以货币的价值来计算的货物。因此，国外投资只是我们的出口贸易的一大部门，意味着在国外出卖英国引擎、钢轨、机器和其他的英国工业品，输出到借款人居住的国家或是某一个其他外国地方。它也引起进口货物输入本国，作为资本所得的利息，最后偿还那笔资本。因为这些付息和还本主要地也是用货物的形式来处理。英国和某些其他国家的国外贸易中，有很大一部分就是由这种流出国外的资本和收回的利息所构成的。

可是，除此以外，国内资源和产业彼此不同的国家，用普通交换方式进行的货物买卖也日益增多，因为它们看出这种交换是人民满足需要的最经济的办法。

生产要素和它们的产品在国际间的这种流动，正在加速进行，
241 并且具有政治的和经济的重要后果。它通过普通的商务关系把各个政治社会的成员比较密切地结合在一起。英国人民从国外投资所得的利息不少于他们的总收入的十分之一这显著的事实，并不因为这种收入的绝大部分只由极少数的富有阶级享受，就没有那么重大的意义。因为它意味着“经济的英国”（英国人所有的财产）的十分之一是在三岛以外，在地球的各部分。这就是说那些拥有

这笔财产和领取这笔收入的英国人，对海外那些国家的和平、幸福和进步，感到有重大的利害关系。当我们想到不同国家之间这种“交叉的产权”在各处继续发展，消息愈灵通，运输愈便利以及政治愈稳定，这种交叉的产权将增加愈多时，我们不会不认识到它是国际主义中最有力的物质因素。它的主要的直接影响是促进各国之间的了解和接触，显然它为扩大经常的普通的贸易往来奠定了基础。

然而，这些广泛的、全世界走向产业国际化的趋势，在前进的
途中并不是完全没有阻碍的。实际的或是幻想的政治利害关系，242
使得许多国家的政府对从一个国家到另一个国家的人和货物，加以种种障碍，不许自由通行。各种原因，一部分是社会的，一部分是经济的，使得某些新国家禁止和限制移民入境，以便控制移民的速度和品质。对于阻止亚洲的劳动力流入美国和我们的自治领，这起了很大的作用；在较小的程度上，也影响了来自欧洲国家的移民。这种政策的动机一部分在于新兴国家的工人阶级一心要保卫他们的工资和生活水平，不受那习惯于较低生活水平的外来劳动力的竞争。虽然经济学家指出，接受这种移民的后果通常不是排挤本地的劳动力，而是把它的使用提高到一种新的水平，像英属哥伦比亚和北昆士兰[①]这种地方的丰富资源早期的开发，如果不让外来的种族任意移入，就不可能实现，但这种理由一般地不占优势。主张限制政策的人从政治和道德方面替它辩护，他们的理由

① 北昆士兰(North Queensland)：澳大利亚东北部的州名。——译者注

是，一大批一大批和本国居民种族不同习惯不同的外国人很难同
243 化，很难把他们变成良好的公民。由于这些以及其他的一些理由，那似乎有利于世界产业的“劳动力自由流动”，就受到了许多限制。

大多数现代国家，一部分为了财政收入，一部分为了要把国内市场留给国内的生产者，并且使本国在经济上尽可能自给自足，对外国货物的输入往往加以限制。有些货物他们绝对不让进来，另一些货准许进来可是必须纳税，借此减少它们的数量和提高价格。现代产业情况下易于发生周期性生产过剩的倾向，使大多数国家感到替本国生产的货物寻求充分市场的困难，因而认为尽量保留本国市场，就是替本国的各行业增加市场的总量。可是这一点他们办不到。因为，阻碍交换的自由，决不能增加一个国家的总财富或是总市场。相反地，每一种阻碍一定会降低资本和劳动在保护区域内的平均生产力和报酬，这是显而易见的，正如我们那个被分开的村落那样。只有专看一个时间和一个国家的贸易，或指定的一段短时期内的贸易，或用某种其他“分离派”的和错误的理由来
244 看，保护政策才会似乎是一种对任何国家有利的经济政策。某些特别受惠的受到保护的阶级或产业可能牺牲别人而自己得到利益，但整个国家的财富一定是要减少的。当然，这种财富观点的理由也许会被国防或者职业的多样性等的其他理由所抵销。可是最好要认识清楚，利用保护税则所达到的任何军事目的或其他目的，必然会在经济财富方面付出代价。

大部分思想混乱的起源，是人们习惯于把国家说成好像是贸易主体，以及把进出口数字看成好像是全国的贷借对照表，列出国家的销货和进货。国家不是商业单位。德国、英国、美国并不互相

做买卖，它们也不互相竞争卖东西给其他国家。英国的某些人或是公司和德国或美国的某些人或是公司进行买卖。德国的公司和英国的公司竞争，争取英国、德国或其他地方的商人的订货，可是德国的许多公司以及英国的许多公司相互之间的竞争，比不同国家的公司之间的竞争，更加剧烈，并且更加经常。肯特[1]的忽布生产者害怕苏塞克斯[2]的忽布生产者的竞争，超过他们害怕法国人或德国人的竞争；如果禁止苏塞克斯的忽布入境或是对它征税，他 245
们所得的利益也就比较大得多。

认为国家从事贸易的那种错误想法，附带着另一个同样错误的想法，即认为在所谓国际贸易中，各个国家的利益是互相对立的。这错误见解的根源，可以说是那种错误的、重卖轻买的贸易概念。因为同行在市场上碰头的时候总是竞争，他们就错误地推断贸易是由敌对的利害关系构成的。然而这显然不是实际情况。我们对产业系统的分析说明它本质上是合作性的，竞争不过在合作的过程中充当一种工具。只有把一项交易的买卖孤立起来，贸易才似乎是本质上敌对的。因为贸易不是单买或单卖，而是包括买卖两面；它的内容在于物品变换，那只有通过一批物品的买进才可以实现。如果一个英国商人向一家德国公司买货，他就使那个德国人不能不买英国的货物（否则这笔货他不会买），或是找别人来买。如果一个英国人卖货给一个德国人，他就使得某一家英国公司不能不买德国的货物或是其他外国货，否则这些东西是不会买的。这种买卖实际上是怎样进行的，我们在这里不需要研究，但是

①②　肯特（Kent），苏塞克斯（Sussex）：均系英格兰东南部州名。——译者注

246 道理很明显，既然货币在两个国家之间来往的很少，从一个国家买来的货物的代价，就用卖到那个国家去的货物来抵付。对于每一个从事贸易的人，既然卖得好和买得好同样可以取得贸易的利益，那么谁得到最大的和最自由的买卖市场，谁就获利最多。同时，既然国家是由许多像这样需要在世界市场上自由买卖的个人构成的，这种政策，从全国的观点来讲，也是真正的经济政策。因此，一个国家不许它的公民在国外像在国内那样地自由买卖，就会减少国民的总财富，损害他们的经济福利。

然而，人们把国家为了控制本国人民和外国人民所做的贸易而采用的税则、条约以及其他贸易政策，看得过分重要。它们对于决定某些国家之间的进出口贸易固然有很大的影响，可是在力量上却不能和我们所讲的那种经济国际主义的重大趋势相比。投资者、商人和工资劳动者的真正利益在于资本和劳动尽可能自由流

247 动以及货物尽可能自由交换，而且世界各国间这种经济来往的范围和重要性还在不断地增加。

关于进口，有一点需要注意。人们有时候主张不必认为进口税是贸易的障碍，而是一种手段，可以使外国人出钱增加我们的国家收入。外国货仍旧会来的，所付的税不会提高它们的价格，而是出在外国生产者、商人或者货主的利润里面。这种说法是否正确，可以用根据费用和非生产性剩余的区别推论出来的一般税收法则来加以检查。问题完全在于各种不同货物征税以后的影响。不管被征税的物品是进口的外国货还是本国产品，道理没有什么两样。如果征税的对象是一种在竞争激烈的情况下生产的货物，它的价格仅够普通生产费用，这笔税就不能由生产者支付。因为它会妨

碍生产，减少货物的供给并且增高货物的价格，这样就会把负担转移到消费者身上。这个道理对本国产品或外国产品同样适用。然而，如果进口货所卖的价格包括一种必要费用以外的“剩余”，那么
外国人就负担得起。如果他本国的政府没有利用它的优先权对他 248
的“剩余”征税，外国政府可能用进口税来征收。但是只有在这种特殊情况下，才可能使外国人负担。

249 # 第十三章　人道方面的价值

我们对产业的研究说明了一个精巧复杂的企业和行业的系统，通过这个系统，大自然和人的生产能力发生作用，供给人类的需要。这个系统表现了很多具体的适应和合作的技巧。在一个普通现代企业里，无论是工厂、矿山、银行或是商店，机构的组织和运转都配合得非常协调。企业里各项生产要素的所有人的主要动机虽然是为了个人利益，为了获得工资、利息、地租和利润，但在这些个别利害关系之间却经常有一种密切的配合，产生健全的企业经济。虽然摩擦造成一些显然的浪费，并且有时候发生较大的纠纷，普通企业的经营运转大部分却是和谐的、经济的。

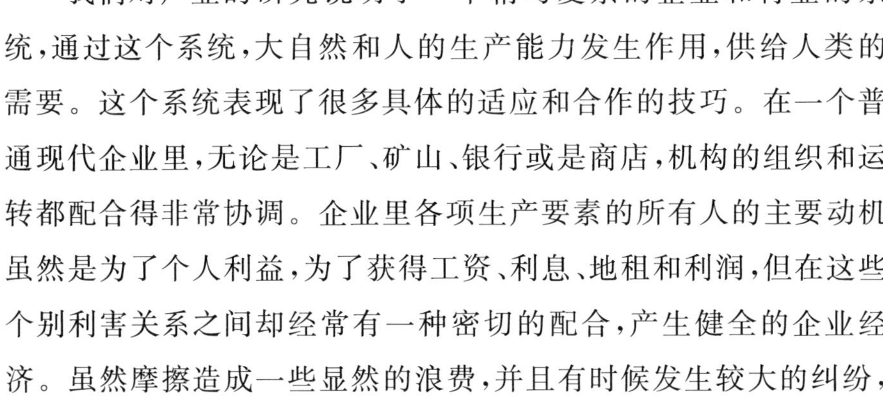

当我们把眼光转向构成一个行业的许多企业以及供应某种物
250 品所需要的一系列行业时，我们还能看到大量精密的安排。如果我们考察一下伦敦任何一种粮食供应所需要的无数种精细分工的活动，我们就会知道产业机构的运行显得十分奇妙。可是在这里进一步的检查就会发现比较大的浪费和不完善的地方。10 家甚至 5 家企业就能完成的工作，往往有 20 家在做；有时有大量的存货滞积和暂时缺货的情况；估计错误和错用人力物力的地方也很多。一种行业的组织显然不如一个企业的组织那样严密地合于经济原则。然而，人类的需要却要求无数种行业在无数不同的地方

同时而且连续不断地以适当的比例生产、运输和分配无数的物品。我们已经看到怎样通过一个产业系统来完成这项工作，那产业系统把所需要的土地、资本、劳动和才能安排在产业的各个部位，使它们进行工作，并且使新资本和新劳动流进来弥补浪费和供给发展的需要。从事于这种工作的千百万人中很少人知道或者关心这种工作的重大意义。阿根廷或阿尔伯达的农民替曼彻斯特[①]或德累斯顿[②]的家庭准备面包，可是他除了按照合同在起卸机旁边或 251
是附近的火车站交出小麦以外，决不关心其他的任何步骤。

当我们离开单独的精密的企业来看广泛的系统时，似乎越来越看不清楚有什么有意识的目的在鼓舞着那个系统。然而，我们看到，整个系统的运行很有秩序。可是伴随着这种秩序也有许多混乱。现代产业系统作为一个整体来看，没有表现出像单独一个企业里所有的那种协调或经济。这是很自然的。因为我们已经看到，那企业里只有单独一个管理权力和一个最高目的——取得利润。在整个产业系统里却没有适当的中心管理或目的。在很大程度上，金融确实构成一种中心发电站，控制着资本和劳动的分布。可是它的控制只是很局部的，它的方法也不是完全为了供给产业的普遍需要。正如我们所了解的，中心目的是经常供给消费者的需要。也就是这个目的在维持着产业系统里所有的一定程度的协调。可是消费者的利益在产业脉络里发生作用，必须经过迂回复 252
杂的过程，不及企业细胞组织里谋利者的利害关系那么敏锐。没

① 曼彻斯特(Manchester)：英国城市。——译者注

② 德累斯顿(Dresden)：德国城市。——译者注

有一种有意识的为社会谋利的支配一切的动机鼓舞着整个系统。

我们的分析曾说明生产费用和剩余的区别，而这种区别表明了一些这种协调与不协调的性质及范围。就各项生产要素的维持费用来说，我们看到产业系统差不多自动地和精确地进行工作。关于发展费用，虽然各项要素的利益最后是一致的，目前利益的考虑却引起不一致，一种比较稀少因而比较有力的要素侵占到别种要素所需要的发展基金，自己取得一些剩余利益。我们也看到，国家的需要和权利同样会受到某一项强有力的生产要素的侵害。

我们看到，这样产生的不协调与浪费，不能仅用这样取得的剩余财富的数量来计算。因为全部产品恰当的分配和利用，会维持较大的生产额，不仅使现有的产业机构获得充分的经常的使用，而且使那由于滋养料妥善地分给各部分而扩大了的机构，也获得充分使用。

253 这样的分析提供了社会经济改革的第一条路线。把非生产性剩余变成对劳工和国家有益的生产性服务，吸收全部剩余作有利于社会的用途，一定会使整个产业系统能够非常协调，像一个安排妥善的单独的企业里那样。虽然各项生产要素的所有人以及各个企业和各种行业仍旧要各自争取最大的报酬，那合于经济的分配会使他们在一起经济地和协调地合作。这是放任主义常常主张而始终做不到的理想，因为它是在机会不平等的错误基础上运行的。

可是，各种生产要素所有人无论怎样开明，单凭他们谋利的私心决不能在产业方面取得社会的协调。因为我们已经看到这种个人利益的协调不考虑国家所代表的社会整体的权利。我们认识到，必须认为社会随时随地和土地、劳动力、资本以及才能的所有

者合作，因而有权利在产业中作管理性的主张，并且分享一份产业
的成果。在现代国家扩大的经济活动中到处表现着这一真理。虽
然没有普遍的趋势或是有意识的政策把一切产业的所有权和经营 254
权完全赋予国家，可是在每一个文明国家中人们交给国家对私营
企业的管理权力却越来越大，目的第一在于保护它的成员（作为工
人、消费者或是公民），使他们不受各种谋利方法的危害，第二，为
了使国家直接参加并分享社会能力和个人能力合作所生产的
财富。

完全的国家社会主义办法，普通只应用于某种经济事业，那些
事业留在私人手里会变成垄断，或是产生一些只靠管理不能防止
的危险或混乱。除此以外，在有些国家里还加上那种便于作为财
政收入的工具的行业。虽然现代资本主义生产的经济组织以及大
企业的联合日益方便，使得越来越多的行业进入这种垄断或是不
完全的竞争状态，使它们具备了应归公营的条件，可是不能因此就
断定这种集中的势力是普遍的或是一般的适用。再说，即使在它
们的影响很重大的地方，国家对付它们的政策也要看国家是不是
有能力为了公众福利来经营这种产业。在国家觉得有能力承办一 255
种产业，或是仅靠管理似乎困难太大的地方，就会实现完全的社会
化。可是，如果国家并不具有必要的实力、技能或廉洁作风，也许
用管理和分享剩余利润的方法对社会比较有利。哪些特殊产业用
哪种方法来处理，根据各国经济和政治发展的程度和性质而彼此
不同。可是作为一个社会工具，国家却到处在起着较大的经济作
用，经营或者管理产业，并且分享产业所产生的收入。

这些处理方法的主要意义和价值，在于它们有助于扩大财富

艺术的范围，使财富艺术更合于人道。它们从两方面促进了这财
富的艺术。它们消除私人收入中不劳而获的和过高的成分（这一
部分报酬的支付和它们原来的用途代表浪费），把这种收入用在对
社会有益的工作上，从而增进产业系统的健康和活力，扩大它通过
产品的消费所产生的满足总量。它们在产业方面建立一个比较适
256 当的指挥中心，适应它的日益增长的复杂性，从而减少个人和集团
之间利益冲突所造成的浪费，可以逐渐做到使人类用最低限度的
费用，生产最大限度的效用。

图书在版编目(CIP)数据

财富的科学/(英)J. A. 霍布森著;于树生译. —北京:商务印书馆,2017
(汉译世界学术名著丛书:120年纪念版:珍藏本)
ISBN 978-7-100-14172-7

Ⅰ. ①财… Ⅱ. ①J… ②于… Ⅲ. ①资产阶级政治经济学—研究 Ⅳ. ①F03

中国版本图书馆CIP数据核字(2017)第137902号

汉译世界学术名著丛书
(120年纪念版·珍藏本)
财富的科学
〔英〕J. A. 霍布森 著
于树生 译

商 务 印 书 馆 出 版
(北京王府井大街36号 邮政编码100710)
商 务 印 书 馆 发 行
南京爱德印刷有限公司印刷
ISBN 978-7-100-14172-7

2017年12月第1版 开本 710×1000 1/16
2017年12月第1次印刷 印张 10
定价:65.00元